U0106263

JPC

六十年代
香港警隊
的日子

警官手記

THE LIGHTER SIDE
OF A HONG KONG
POLICE INSPECTOR'S
CAREER IN THE 1960S

著 ⋯⋯⋯ 黃奇仁 GEROGE K. WONG

謹以本書獻給吾妻何靄雲

作者與太太結婚前在警校畢業禮上合照

目錄

范徐麗泰序

　　一個香港警察的故事，一個真實的自傳，令人閱讀時，不時會發出會心的微笑。書中沒有激烈的打鬥場面，也沒有出生入死、救人懲奸的緊張情節；英雄形象的黃奇仁或許欠奉，但幽默率直的奇仁卻倒有一個。這是作者有意的選擇。

　　實際上，奇仁是個很有個性的人，也做了一般人不敢做的事、講了不敢講的話，在當年殖民管治的時代，可以説是一個敢作敢為的警官。他也不願意接受英國人高人一等的心態，不論在警察學校，或是做副官時，他很多時都忍不住就一些他認為不公平的事據理力爭。也許是這種性格，也許是為了孝順母親，使他在年將三十六歲時，「藍袍脱去換紅袍」，離開服務了八年半的皇家香港警隊（藍色制服），成為皇家加拿大騎警（紅色制服）。

　　我在閱讀這本書的書稿時，勾起了不少回憶。

　　記得當年讀高中時，同學們對何靄雲的男朋友，都很好奇，不單想看看這個「帥哥」的模樣，更想見識一下他那部紅色的小跑車。現在有一位男士駕車到女校門口接載女朋友，是司空見慣的事，可是五十多年前，卻算得上是絕無僅有；難得的是，何靄雲和黃奇仁都表現得很自然，落落大

方，可見他倆在年輕時已經是相互間充滿信心，而且很清楚自己的取向。

奇仁和我的先夫范尚德是畢馬域蔑曹核數師樓的同事。當年的皇家香港賽馬會還沒有電腦，出賽馬匹的賠率要由人手計算，一群年輕的見習會計，就用算盤、紙、筆拚命的算，核准無誤後才宣佈派彩；他們一要準、二要快，壓力是很大的，但是大家都搶着做，因為待遇優厚。看看今日賽馬會的幾個巨型銀幕，賠率、派彩及馬匹比賽過程彈指可見，真是很難想像當年跑馬地馬場內，用人手計算派彩的忙碌情景。

我很高興奇仁兄寫了此書，他輕輕鬆鬆地描述了殖民管治時代的白人優越感，階級的劃分，不帶怨氣，沒有酸味，只是寫事實。正正因為如此，令我們這一代人很自然地產生了共鳴，更為年輕一代提供了解半世紀前的香港的機會。

我更要謝謝Wendy（何靄雲的英文名）叫我為這本書寫序，讓我可以先睹為快。從前我只知道奇仁很愛跑車，也喜歡賽車，不知道原來他是警隊的「總教頭」。下次再遇奇仁兄，有兩件事向他請教：一是，請他指點一下駕駛技術；二是，請問他何時會再次動筆，寫他在「皇家加拿大騎警」服務期間的所見所聞？

范徐麗泰

奇仁、靄雲的朋友

二零零八年四月二十三日

伊達善序*

　　佐治（George，即本書作者）及雲黛（Wendy，黃奇仁太太）在我高齡時候專誠到英倫探訪我。我對佐治能夠寫出一本有趣及簡易直述的書，一點都不感到稀奇，但令我費解的是，在他忙於其他多種興趣及活動中，加上與太太的日常生活，還能找到時間執筆寫書。

　　讀者們可從本書領略到一位機智的警員怎樣能在困難及危險的工作外，尋求千變萬化及充滿趣味的生活。

　　這本書及佐治的探訪清晰地令我回想到我們一同在香港警察服務時佐治給我的可靠和不懈的幫助與支持。

E. C. Eates

（伊達善）

二零零八年四月十二日

＊ 作者曾於一九六七年至一九六九年任職香港警務處處長。

George & Wendy kindly visited me in England in my old age. I am not surprised that George has written an interesting and straightforward book, but I am surprised that, among his many and varied other interests and activities, he could — even with Wendy at his side, — find time to do so. Readers will see how varied and interesting - though not always easy, or even safe - an intelligent police officer's life can be.

The book and the visit are vivid reminders of the steadfast help and support George gave me during our service together in the Hong Kong Police.

E. C. Eates

12 APL 08

上頁序原文的作者手稿

黃燦光序[*]

在一九六三年八月，當我踏進黃竹坑警察訓練學校大門第一天，就認識了黃奇仁先生。我們是同班學友，在六個月的訓練期裏，除了星期天和假日外，班內十九名學員都是行動一致，艱苦與共，彼此一同生活，一起共事，逐漸地便建立起深厚和經得時間考驗的友情。奇仁兄是班裏華人同學中比較成熟的一位，他的家庭背景良好，自己又有工作經驗，而且性格外向、好動活躍、說話風趣、正直敢言，為其日後青雲直上，鋪出了錦繡前程。在警察訓練學校結業時，「新紮師兄」們少不了對個人的事業充滿遐想，對實現人生的目標熱切期望，而大家都認為奇仁兄是班中較為突出的華人學員之一，深信他日在警隊裏一定會取得卓越成就。

奇仁兄做事盡心盡力，對人友善，無分高低均一視同仁；遇上他人有困難，在可能的範圍內，都會樂於相助。他的工作能力深受警隊器重，受指派的崗位每每是督察級人員所夢寐以求的，因為那不獨有機會廣泛地接觸到各類社會人士和警隊上下各個階層，瞭解整體的警務運作、統籌，甚至高層制訂政策的原因和過程，不失為督察人員被提升的試金石和前奏曲。正當他的事業踏上坦途，他卻因家庭團聚、侍

奉母親而毅然決定離開警隊，離開香港。

　　過去三十餘年，我們仍有聯繫，奇仁兄以過人的能力、縝密的思維、風趣的言談、外向的性情和善於待人處物，在加拿大騎警和銀行商業調查工作上，自有一番成就是意料中事。退休後，他從事歌曲和歌劇的創作，以他的多元興趣和停不下來的性格，也不會令人感到詫異。從前線轉入幕後，他仍然創出一番成績。如今涉足著書撰述，將當年的生活片段重拾整理，其毅力殊稱可嘉。本書內容輕鬆風趣，一如其人，令人不禁作出會心微笑；並在一定程度上反映了當時社會和警隊的一些生活側面，年青一輩藉此可認識多一點香港二十世紀六十年代的浮生世情。我謹祝黃兄此部力作一紙風行，並且繼續努力，再創另一個事業高峰！

黃燦光

二零零八年四月十七日

* 作者曾於一九九四年至二零零一年任職香港警務處副處長（行動）。

程國灝序*

　　在本書中，作者十分風趣地記錄了豐富多彩的生活往事；在過來人眼中，他所細説的，不少是令人感慨萬千的當年情。對於書中部分憶述，現在的年青讀者或會認為見所未見，甚至於不可思議，可在當時卻是見怪不怪。

　　香港警隊與社會發展同步，近半個世紀以來，積極引進現代化行政管理及最新科技，昔日的官僚管治與專橫的作風，在現今社會早已被視為格格不入。作者那富家子弟的背景在上世紀六十年代警隊內無疑是特殊罕有，但他並沒表現嬌生慣養的陋習，反而凡事都以實事求是的態度去處理，憑藉靈活變通的分析能力及敏鋭的洞察力，不懼權勢及不迷信權威，以圓熟及温和的手法去達到認定的目標。回首綿綿舊事，作者可以説是給當時香港警隊比較軍事化的環境帶來一種新體驗及開新風氣的先河。儘管作者已移居海外數十載，難得他能從含飴弄孫的歡愉中抽出時間，以驚人的記憶力、實話實説的勇氣，加上珍藏多年的照片寫成本書，本人表示佩服之餘，更預祝本書出版成功。

程國灝

二零零八年四月十八日

* 作者曾於一九九四年至一九九八年任職香港警務處高級助理處長（監管處處長）。

前言

　　二零零一年退休後，太太常對我說：「你過去親身經歷的趣事和不平凡的奇遇，是一般人難以遇到的。你應該把一生的際遇寫成自傳，讓子孫後代知道家族曾經有過一位傳奇人物。」

　　原本的寫作計劃是從我出世開始，把一生的經歷記錄下來，加上自己的感想和見解，用輕鬆幽默的方式，寫成一本飽含時代縮影的讀物。後來經朋友提示，談及有關反映上世紀六七十年代香港警察生活的書籍不多，而且我在警隊的工作及際遇又與眾不同，便決心首先把我在香港警界服務的故事寫出來，讓讀者作集體回憶時帶出一些可以是很生活化和不拘一格的線索資料。

　　這本書的內容絕大部份都是我親身的經歷，並無誇大或矯情，目的是向讀者憶述值得回味的香港昔日一段典型的時代背景和特定的事態環境，道出圈內外人士所不知而想知的人事、趣事等等。我希望讀者能夠透過書中的細節見微知著，利用我引述的資料及記憶對一九六零年代香港警隊有輪廓上的認識，從而引起大家懷緬上世紀六十年代香港的社會

景況，給年輕讀者窺見當年的警察生活。同時，亦希望藉我的際遇使青年人對時刻服務社群，具挑戰性的警察工作感到興趣。

本書的內容旨趣不在於「爆內幕」，也不談論個別案件。若某人認為自己與書中趣事有關，這亦是雷同與巧合而已。

書中的照片與文字內容有深切關係，比方有關我和太太的生活片段，以及一些家庭照片等，都貼切地反映了一位警員在工作和工餘時的多姿多彩生活，實與一般人無異。讀者從中不難領略到警務人員嚴肅緊張的另一面，原來可以是那樣有趣及別具意義。

想不到一執筆便寫下一百多件與香港警察有關的生活趣事。冀望我將來有機會撰寫自傳時，再與廣大讀者分享更多有趣的「奇仁其事」。

最後，我要多謝我的太太何靄雲，若不是她代我寫了本書的第一句，然後叫我繼續寫下去的話，相信本書根本不會面世。不只這樣，她把我寫的手稿輸入到電腦內，加上修改及意見，使這書生色不少。所以我很衷心地說：「太太功不可沒！」

引子 「奇仁其事」從這裏開始

　　一九三七年六月二十七日半夜，我的祖母從夢中驚醒，大叫：「有人拿刀要砍我。」當時，我的母親正在第六次懷胎；第二天，我便出生了。祖母對我母親說：「今天出世的這個男孩，我擔心他將來會是個兇惡的人，所以要給他改名『仁』字，讓他看着這個字做人，希望他有仁慈心，將來造福社會。」因此，加上族譜是排「奇」字輩，我的名字便叫做「奇仁」。從小到大，我注定擁有一個似是如假包換，與本名幾乎一樣的綽号。叫「奇仁」也好，還是「奇人」也好，提起自己的昔日往事，在漫漫人生路上委實交織了一段段「奇仁其事」。

　　我的祖父於少年時從廈門到菲律賓闖世界，起先在一位富翁家裏打雜。有一天，主人設宴請來美國友人吃飯，菜式中有鵪鶉，可是全家無人知道怎樣將它的英文名稱寫在餐牌上。祖父馬上翻查字典，直至見到鵪鶉的圖畫，便找出 quail 這個英文名詞。從此，祖父便獲得主人重用。多年後，主人因錢債官司入獄（當時，錢債官司敗訴人是要入獄的，而勝訴者則要負擔敗訴人在監獄內的生活費用）。其間，祖父替主人看管生意，待他出獄時，便全盤交回。以後，祖父得主人提攜，做生意而成了富翁，並衣錦榮歸返回福建廈門。後

WEDDING OF
UY TENG YIU - O HEUNG TING
at
KULANGSU, AMOY, DECEMBER 28, 1924.
REPRINTED: DECEMBER 28, 1949.

時為甲子年十二月初三日

作者的父母結婚時與親朋合照

來，他與摯友指腹為婚，達成了我父母的婚姻。

據雙親說，我的祖父有五個妻子，外祖父亦有六個妻子，我自小擁有一個現在看起來是個不可思議的紀錄，就是合共有十一個內外祖母，但以當時富翁身份而言，這並不稱得上是奇事。後來我兩位哥哥與菲律賓的親戚合作寫族譜，竟發覺祖父在菲律賓留存後裔達九百多人，但願這是「報大數」，否則恐怕我一定不只僅僅五個內祖母，若我有意破祖父的紀錄，實在是枉發「奇想」，今生必定做不到。

我父親黃呈佑在廈門長大，二十歲考入香港大學，畢業後加入銀行界。第二次世界大戰爆發時，他在菲律賓中南銀行任職行長，母親及我們八兄弟姊妹都在香港。本來，父親有機票回香港，但因友人有急事要回港，父親便將機票轉讓給他。想不到第二天便爆發大戰，父親在菲律賓滯留了三年零八個月，光復後才回港跟家人團聚。戰事爆發時，我的大哥十二歲，我排行第六，只有四歲，年紀最小的弟弟只有一歲。母親獨自在戰時養育我們八兄弟姊妹，是一件極艱難的事情。

中學畢業後，我考入香港大學建築系，父親認為家族中有當醫生、會計或與金融界有關的，容易有人帶我出道，因此要我加入歷史悠久的畢馬域蔑曹核數師樓（Peat, Marwick, Mitchell & Co.）當見習會計。我在「畢記」每天跟數字打關係，完全不感興趣。我是個好動的人，怎可以坐在椅上，朝九晚五與數字為伍呢？當時我覺得商業法律是十分枯燥，考

試從不合格（辭職當月才考上第一科）。虛度了五年光陰，一事無成，卻認識了多位好友。四十年後，我與「畢記」分散世界各地的舊同事，仍不時有聚餐和通電郵（email），使我感覺到友情的珍貴。

　　每個人都有自己的過去，有人不願重提過去的事，有人憶起舊事便如數家珍。我的過去不僅是屬於自己的，也是屬於香港人的，是一份濃得化不開的回憶。讓本書能帶您去體味一九六零年代的港人生活。

　　「奇仁其事」就從這裏開始……

01

香港警察學校多趣事

加入香港警察隊

因為在核數師樓一事無成，我便提出要加入警察工作，家人極力反對，因為在他們心目中，當警察並不是上等職業，並且要帶鎗，非常危險。我家世世代代都沒有人以帶鎗為生，加入警隊，可能有辱家聲。但我已浪費了五年寶貴的光陰，最後家人只好點頭應允。竟想不到，後來我父親因我在警隊的表現而對我另眼相看，常常提及我的職業，並引以為榮。另外還有一件意想不到的事：父親常跟我開玩笑，説因為我是警察幫辦，他希望過世時，出殯的儀仗隊有軍裝警察送行。當時這是一件極不可能實現的事，但剛好他去世時，我任職警察駕駛學校總考牌官，同僚為了尊重我，當日的電單車師傅，全部都帶了學員為父親出殯的行列開路，竟達成他老人家的心願！

擦鞋不容易

香港警察訓練學校位於香港仔黃竹坑，是所有學警和見習督察的「出生地」。投考警員只需要通過中文筆試，及格後便有獲准錄取的資格。本地的督察，要有中學會考畢業證書的學歷，並通過警校的英文筆試取得及格成績。從英國或外地受聘為見習督察的，則要在原地考筆試及面試，及格

香港警察訓練學校第十三班 PI-13 全體學員（攝於一九六四年一月二十五日）

後才到香港受訓。警員和督察的待遇有很大的分別：警員樣樣都要親力親為，沒有下級「服侍」，如擦靴子等，都要自己做（擦得好不是一件容易的工作，當時供警靴用的鞋油，擦鞋前得先用洋燭將鞋油加熱，待熔了還要再加工的，十分費事）；督察隸屬警官級，待遇不同，大概是因為英國殖民地傳統，他們可以僱用「管店」（雜工），替他們洗衣，擦鞋，整理床鋪，以及處理打掃宿舍等等日常瑣事，早上起床更有一杯熱奶茶預早放在床頭枱上，真是一種享受！這待遇即使是在英國本土，亦很難享有的。

訓練為期六個月，畢業後派到各「環頭」（警區）服務。從外地來的洋警官更要學習廣東話。在警校除了學警例及法律外，還要接受鎗械及步操訓練。六個月看來很長，但是要學習的科目內容卻較多，時間於是很快便過去了。

第十三班的班底

我所在訓練班的編號是PI-13，即見習督察 （probationary inspector）第十三班，全班共有十九人，其中十三人是從英國或非洲來的英國人，六個是本地人。從英國來的英國人都和本地人一樣，既年輕又沒有受過警務訓練。但從非洲來的幾位原本已是當地的警官，由於英國在非洲的殖民地宣告獨立，這些警官便要離開非洲，另找出路，一部份人遂

申請來香港加入警察隊，但因為非洲的法例和警例與香港不同，所以他們需要在警校重新受訓。

面斥西人同僚

我在警察學校時，有位受訓的英國見習督察（與我同期同級），很喜歡參與賽車運動。有一天午餐時，他在等候保險公司回覆他的電話，告訴他是否可以在香港賽車。期間，他顯得十分緊張，站在警官餐廳的公眾電話旁一直等着。當電話鈴聲響起，他便馬上搶着去接；我那陣子剛坐在電話旁邊，只見他聽到對方講廣州話，便將電話交給我，及罵了一句：'Bloody Chinese！'（「死中國佬！」）我聽到後，十分憤怒，他怎可以這樣沒有規矩，侮辱中國人。我當着六十多人面前（其中有教官及高級人員），跳起來拍枱大罵他歧視中國人。他很驚奇地望着我，不知所措，不敢吭聲，連電話也不等便離開飯堂。事後我感到很有壓力，畢竟在警校紀律是非常嚴格的，這樣做，必定闖禍。

第二天，校長（華籍警司方奕輝先生）果然要見我，我心想：「一定是為了當眾責罵西人的事，大不了被革職吧。」於是便挺起胸膛去見他，見到校長，我便立正見禮，早有預備會被教訓一頓。方校長說：「我聽到昨天在飯堂發生了一件事，是什麼事？」我如實向他報告及解釋。他說：

「你用不着解釋,我叫你來,不是要責罵你;我覺得這裏的中國人常自覺是二等公民,西人高高在上。雖然不是所有中國人都是這樣,但大多數是有點自卑。我要讚揚你不怕在西人面前大聲罵他,若然警察或中國人都可以挺起胸膛與西人說話,不要覺得自己是二等公民便好了。」我聽了他的訓話後,也不知是凶是吉。到畢業時收到評語,其中有一段指我為了正義,無論對方是什麼國籍,都不怕與他理論、辯駁,或加以斥責。上述事件發生時,我並沒有想到有什麼後果,但事實上竟意外地對我的事業很有幫助。後來有某警司亦看到有關此事的報告內容而讀給我聽,他說:「想不到你有膽識這樣做。」

這件事情發生後,有一位從非洲來香港加入警界的同事說:「我來香港前,以為中國人和非洲的土人差不多,凡事都受我們支配,甚至騎上大象的時候,土人警員通常都跪在地上,讓英籍警官踏着肩膀騎上大象。想不到這裏的中國人並非我們想像中的『弱者』。」這件事的始末,使我產生了一個不同的人生觀:凡事都要本着正義去做,雖然許多時會「撞板」,但起碼對得起自己的良心。後來我亦常常這樣教導我的下屬。我並非要倚仗這件事去吹噓自豪,亦不是因此而偏去找麻煩,只是有些情況下是不可避免的,例如我後來有幾次與某警務處處長及警司爭辯,但因我所持理由充足,雖然職位懸殊,我亦化凶為吉。

作者曾於一九五二年代表香港童軍出席泛太平洋童軍在澳洲舉行的大露營，
此圖乃出發前所攝。

警校生活適合我

在警校的日子裏，生活並不很舒適，受訓過程也很辛苦，但我卻頗愜意。我亦喜歡鎗械，步操對我也沒問題；小時候，七年的童子軍生活對我在警校的日子是很有幫助。

我覺得這份職業十分適合我，遇事時，可以用自己的方法去解決，比起在畢馬域蔑曹核數師樓整日坐在椅上看着數字過日子好得多。況且收入亦有大轉變，在「畢記」時，我的月薪是港幣四百元，督察最低月薪是九百三十元，但我有大學預科文憑，因此多一百元。這一下子由四百元轉至一千多元的收入，無形中在生活上豐裕很多了，可以讓我全部還清因購買一部老爺車（MG TD）所作的分期付款所欠餘額，就連拍拖亦可以闊綽些。

「高佬」買床板

我們一班之中各人高矮不等，其中一位長得特別高的英國同僚，身高大概是六呎八吋，步操時他被編排站在前排最右的位置，稱為 'Marker' 位置。步操時其他各人都以他為標準 。因為他特別高，我們都很容易看見他，以他來量度我們的距離，所以我們的隊伍排位時，站位十分準確，其他隊伍因為沒有「高佬」便比較蝕底（吃虧）了。

有一天，「高佬」問我可否幫他一個忙。因為他知道我有一輛開篷跑車，他想我同他去買幾塊特長的床板。警校宿舍所設置的是標準單人床，大概是三呎（闊）乘六呎（長），「高佬」每晚睡覺時便有麻煩，頭頂着床頭，雙腳在床尾伸出八至十吋，唯有彎腰睡覺，十分不舒服，所以他希望我能陪他去買幾塊特別長的床板。我代他到處詢問，都不能找到比六呎更長的床板。後來我靈機一觸，與他到荷李活道一間木料工程公司，找着老闆，叫他想辦法。老闆於是裁了一塊七呎長的五夾板給「高佬」，方便他躺上用它做的床時，能夠「盡展所長」地睡好覺。

初時我是極不願意與他去買床板的，因當時香港有一種對付嫖客的措施：當一名市民嫖妓時被警察拉了，這市民要抬着妓寨的床板回警署，作為案件中的證據，俗稱「托床板」。若有湊巧，我和這位便裝西人抬着床板在街上行走，一旦碰到熟人，真不知道怎樣解釋。這次我替他解決了難題，但想不到幾年後，卻被他的高大身材累了一把。

事情是這樣的，一九六六年，我為興趣參加了警察龍舟隊，在大埔吐露港出席龍舟競賽，其時「高佬」亦有參加。我們志在好玩，只為「得啖笑」而已，並無奢望奪標。所以有

作者參加大埔龍舟比賽時獲贈的船槳紀念品

圖為第十三班部份畢業警官，左二是身高六呎八吋的「高佬」，中為作者，
右二是後來榮陞為警務處副處長的黃燦光先生。

些比較頑皮的警官從開始便一邊扒一邊用啤酒杯把海水倒入龍舟內。不到一半賽程，我們的龍舟便沉了。吐露港賽道的海水並不深，水面離海底大概只有五呎半深。當我看到前面的「高佬」掉進水裏後，依然能夠「腳踏實地」，整個頭露出水面，便以為自己亦可以站着，沒有問題。怎知我忘記他比我高了一截，一下子便沉下水裏。我的泳術高，不會有危險，但一時失覺，連喝了兩口污水，害我當天下午要馬上找醫生打預防針。此為「高佬」累我也！

錄音機奪愛

常看到書上有「橫刀奪愛」這幾個字，我不明白什麼是「橫刀」，但何謂「錄音機奪愛」，我倒很清楚。

班中另有一位西人同僚來到警校後，不常與其他同學打交道，一天到晚躲在房裏寫情信給在英國的女友，天天都等着回信。兩星期後，我們發覺他不寫信了，原來他到市區買了一部手提錄音機，乾脆用錄音帶代替寫情書。

我們宿舍是四人一房的，所以在房間對着錄音機講話不大方便，於是他便每次都躲在被窩內錄音，短短十五分鐘的錄音便弄得滿頭大汗，他亦樂此不疲，也不介意我們取笑。時間久了，大家都習慣他的所為，再不以此為奇。可是過了三個月，他卻突然向警校遞辭職書，說要回英國，不幹了。

據悉，這原來是與同房的另一位英籍同僚闖下大禍有關。初時，他見到這位同窗去做其他事情之前，經常把錄音機放在被窩內，便貪玩地走入被窩內，開着錄音機向人家的女友錄下談情説話。這本來是一樁惡作劇，但錄音機的主人卻很大意，每次錄完音都不再聽一次便把錄音帶寄出。事過一個多月，錄音機的主人發覺其女友的態度變了，並且開始寫信給那惡作劇者，於是便大吵大鬧。最後，無法之下，遭戲弄的這位同僚便決定返回英國。可以説，他是我們班中第一個中途離群回家的。那惡作劇者亦發覺自己的玩笑開得太大，從此與那英國女子斷絕書信來往，此事才告一段落。

惡作劇

　　'Boys will be boys.'（「男孩子永遠是男孩子。」）這句英文諺語，一點都沒有錯。惡作劇無時無刻在發生，男孩子年紀越大，惡搞的程度也就越大。無論警隊紀律怎樣嚴格，始終有人不怕受罰，冒險胡鬧。

　　有一位從英國來的同僚是個長跑健將，每天跑步一兩小時，從無間斷。但他有個壞習慣：無論出了多少汗，都從不洗澡；洗臉盆是他唯一的「浴缸」。他每每放滿一盆水在洗臉盆內，先用這盆水洗頭，再放毛巾在洗臉盆內弄濕，然後抹身，最後把雙腳輪流放入洗臉盆內，用雙手大力擦淨，

便算洗滌完畢。儘管這樣的習慣很討人厭，但許多人向他投訴，此君卻依然故我。

這位仁兄是個運動家，對飲食很節制，從不抽煙喝酒。中期試後，大家少不了慶祝一番。在各人合力下，分別灌他喝了多種不同的酒，很快他便酩酊大醉。我們都想和他開個玩笑，於是各人一起想辦法。其中一人說，「看他的樣子，不到天亮是不會醒來的。不如把他抬到操場中央，讓他在那裏睡一晚；天明時，讓早起的男女警員都見到這個大醉俠。」我們於是把他抬到操場，爾後，又有人提議將他在宿舍裏的鐵床及床板、床褥等，都搬到操場中心，讓他在此床上睡到天光。

翌日晨操時，操場圍滿男女警員看熱鬧。操場主任來到我們宿舍，命令我們把鐵床抬回宿舍，最可笑的是，這位剛大醉過後的同僚亦要和我們一起做搬運工作。

經此一役，我們明白到，事情鬧得越大，原來越容易解決。操場主任明知找不到禍首，結果唯有不了了之。

甲蟲錶

見習督察第十三班共十九人，有些是來自英國在非洲各殖民地的警官，有些是香港本地警長晉陞為督察的「老差骨」，有的已有數年的工作經驗，有的是大學畢業生，亦有

剛中學畢業即考入警隊的。來自英國的見習督察，有的在大城市居住，有的則是自幼在英倫郊外小鎮長大，從未到過大埔。各人的處世經驗、家庭背景、學歷、見識等等，都參差不齊，尤其是從英國鄉郊初到香港的同僚，當他們見到香港的繁榮景象，簡直是大開眼界，仿似從井底突然跳出井外的青蛙，又像劉姥姥入大觀園似的。

在香港的鬧市中，購物便宜及甚多選擇，真使這些初到的遠方客人眼花繚亂。

一九六零年初，手錶仍然是奢侈品，並不是人人都可擁有的。買一枚中等價錢的手錶非要花上三數百元不可。有一天，一個年青的英國同僚，到九龍尖沙咀逛街，回到警校時，拿出一枚手錶給各同僚看。他説這手錶很便宜，是在尖沙咀某樓梯口小錶檔購買的。那是一枚舊手錶，牌子亦不知名，但他説用了八十元買到這手錶是他的好運氣。在各人爭着欣賞這「名錶」之餘，我隨便多口説了一句：「別忘記在三十六小時內餵養錶內的甲蟲。」他望着我，不知何解，我亦做了個鬼臉，毫不在乎地走開了。

幾天後，他告訴我他的手錶壞了，無論怎樣上鍊、敲擊都不動。我忽然記起曾對他説過的一句話，便指責他説：「叫你餵養錶內的甲蟲你不聽，現在牠餓死了。沒有甲蟲在錶內拉動上鍊彈簧，怪不得這手錶不動。」他信以為真，説錶檔老闆應該向他説明一切，他一怒之下，把手錶丟進垃圾桶內；翌日，這手錶被「管店」拿走了。

兩天後，他怒氣沖沖地向我說，他問過教官關於甲蟲的事，教官說並無甲蟲錶這回事，但警告他不要買舊錶，因為既不準確，又可能內部生銹，舊錶的壽命是不會長久的。我於是對他說：「你從英國小鎮初到香港，凡事都要先問清楚，否則你會很容易上當。」我後來想想，真不相信自己一句不經大腦說出來的話，竟會有人信以為真，遠離繁囂的人畢竟比城市人純真！

有樣學樣

在警校裏，同一時期內，有十多班學警受訓，每班均有一名警長或警目（簡稱「師傅」）教導他們步操。

有一天，我和幾位同班同僚坐在操場邊的斜坡觀看着操場內的四五隊學警在進行步操。有位同僚忽然說：「你們看看，每一班學警自有一種獨特的步操法，但都並不是錯誤的。每個學警都與他們師傅的姿勢相似，若第一班的師傅着重左肩偏高，全班學警都趨向左肩偏高；若第二班的師傅着重抬起頭的，全班隊員都會效法。看下去，每一個師傅都有自己的步操特徵，而每一位隊員的動作都有自己師傅的風格。」

經過這個發現後，我們常常試驗自己的觀察力是否正確。每當一個或幾個學警操過時（在警校，學警從校園內的一處到另一處，都是以步操走去的），便問他是否某某警目

的隊員，我們估計的準確性，通常都有百分之六十的。

　　讀者們試試看，當你們去參觀閱兵典禮，或警察大會操時，你會發覺有同樣的現象發生。這當中並不是要區分什麼好與壞，只是藉以考驗自己的觀察力而已。

「嚇大」的真意

　　我們常聽人說：「我不怕，我是嚇大的。」從前，我認為嚇大的說法，是意味一個人受到很多不好的遭遇，從少年被嚇到成年，所以做成他「天不怕，地不怕」。

　　在警校時，為了熟悉將來到「環頭」的工作，會設有「簽更簿」的訓練。每「環頭」都有許多放有簽更簿的地方，供警員簽到，從簿內的簽名，可證實該警員於指定時間巡邏到該處。在警校擺放這些「更簿」的地方，大多會分佈在警校範圍內人們不常到的地方，而且多是在夜間無燈，或比較黑暗的地方。每晚都有一位見習督察當值，定時到各處簽簿檢察。同學們因為太無聊或喜歡惡作劇，常常躲在更簿附近，等當值見習督察走近，突然從暗處跳出來嚇唬他。當值的都受到多次的「被嚇」經驗，久而久之，便不當是一回事，膽子一旦練大，日後便不怕嚇了。現在回想起來，「嚇大」是把膽子越嚇越大，而不是從小嚇到大的意思。這是我個人從經驗得來的解釋。

香港警察訓練學校PI-13班畢業典禮

眾親友出席香港警察訓練學校畢業禮時，向作者致賀。
當年香港警察訓練學校沒有禮堂，畢業禮茶會被安排在帳幕下舉行。

作者在警校畢業時與雙親合照

02

在油麻地警署的日子

被派到油麻地警署

油麻地警署隸屬九龍油尖區警區，油尖區包括油麻地和尖沙咀這兩個地域，可算是全港九公共設施最齊備，交通最繁忙的警區。當年，本區內擁有多項舉足輕重的設施：如佐敦道渡海小輪是當時港九唯一汽車渡海的通道；乘客流量最多的天星小輪碼頭；最大的船塢──九龍倉船塢；可停泊大郵輪的海運大廈碼頭；廣九鐵路九龍終點站；最輝煌的半島酒店；最長最直的街道──彌敦道。此外，還有油麻地避風塘，其水上面積大至常有躉船長期泊駐，而躉船與躉船間的通道都是有街名的，如上海街等。這區亦有大型的政府公立設施──伊利沙伯醫院、南九龍法庭。尖沙咀的遊客區是香港的櫥窗集中地、購物者的天堂；這一帶還開設有無數的酒吧，給從韓國和越南來香港度假的美國兵享受。在罪惡方面，油尖區亦不遜於其他治安黑點，本區「紅黑白」（紅丸、鴉片、海洛英，諧稱「劉、關、張」），到處有售；大小私家賭檔林立，有字花檔、麻雀學校；黃色架步應有盡有；公寓、賓館比比皆是；大中小型舞廳、舞院及舞苑更不缺少。只要在油尖區駐守一任，便會見識不淺，當調到另一個「環頭」時，實不愁工作經驗不夠。現時所見的油麻地警署的外形，跟我昔日駐守時，依舊一模一樣，真是「五十年不變」！

我要在這裏一提的是，油麻地還有港九馳名的「阿Lee

（阿李）咖喱」，那是中外警官警員最捧場的咖喱小檔，位於石壁道。據悉阿李經已退休，目前移居加拿大。

第一天出更

在警察訓練學校畢業後，我第一個駐守的「環頭」是油麻地警署。我最初是先學「坐堂」（在報案室工作）和「肋更」（巡視區內各崗位及執行區內工作）。出更時，一隊人包括有：督察、警長、警目和警員，首先由督察讀出當日要做的工作。第一天出更，待各人分散到自己的崗位後，我便找一位沙展（警長），叫他帶我到處觀看，指出應該注意的事物。剛好走到某處，那沙展説：「我帶你到樓上去探訪友人。」上樓後，只見到有幾個人坐着。經過介紹，其中一人説：「後天有天鵝肉到，請黃Sir一起來吃。」可是，對方並不曉得，我這個黃Sir是不敢吃野味的。許多時，在警察圈子中，可以找到各種奇怪食品。有一次，「管店」拿了一大碗食物叫我品嚐，我問他這是什麼，他竟回答説是狗肉。我聽罷頓時毛骨悚然，最後當然沒有去吃。待吃「天鵝肉」的那天，我哪敢充當「癩蛤蟆」，於是唯有藉故推辭了。

夜更坐堂

夜更「坐堂」時，常常有多種「消夜」吃。有一名四十多歲婦人，人人都稱她「契媽」。「契媽」略有錢財，在油麻地開辦了一間體育會。許多警員都參加她那間體育會屬下的球隊，感情十分融洽。有時她在凌晨三時煲雞粥拿來警署給眾人吃，弄得皆大歡喜。另外，油麻地一帶舞廳林立，有些舞女打烊後一有空閒，偶爾前來警署捕房（報案室）閒談，又有人會買生果來慰勞我們。他們並沒有任何要求，只求有人與他們談話散心便感愜意。警察的生活與我長大時的家庭生活大大不同，以往的夜生活是沉醉在與友人一起消夜、長談或參加舞會。現在是經歷人生百態中的一部份，晚間出現的人與日間所見的人多數不一樣，前者屬三教九流的居多。醉酒鬧事及家庭糾紛事件在夜裏亦比較常見。到捕房閒談的人，有男有女，有學者亦有舞女，他們大多結有私人恩怨，前來僅僅是想找人發泄而已。與這些人交談並不完全是無聊的。做我們這類工作的人，可以從他們的經歷中領略到在警察訓練學校沒有教過的「人生觀」。

醉兵遊埠記

某晚，有一名美國水兵喝醉了，躺在柯士甸道的行人路

上，不省人事。柯士甸道位於油麻地警署和尖沙咀警署所在範圍的交界。有警員來電報告此事，請求「出車」（開出警車）抬他回警署。我的助手是個經驗老到的「兩劃」（指警目，又稱「兩柴」，因肩上的金屬階章係呈上下緊貼的V形圖案而得名。而圈內俗稱警長為「三劃」或「三柴」，亦因其階章較警目的多一個V形圖案），他說：「派兩個警員出車去吧。」這兩個警員好像已經知道這位「兩劃」所指的意思，他們遂將水兵搬過馬路對面，變成醉臥在尖沙咀區的界內。過了一會兒，又有電話報告，指有水兵睡在油麻地地段。那名「兩劃」又再「出車」依樣畫葫蘆。到了第三次電話響起，又是報告發現有水兵睡在街上。我於是感到奇怪，問我那助手為何

「三劃」──警長階章

今夜竟有這麽多的水兵睡在街頭，他笑着說：「不是，那不過是同一水兵。若然抬他回來是十分麻煩的，加上這醉貓會嘔吐，把警署弄得骯髒不堪，倒不如讓尖沙咀『環頭』去處理吧。」我說：「不能老是將他搬來搬去，這樣始終會沒有結果。就抬他回來，讓他睡在捕房（報案室）的長櫈上。」翌日早上五時，這水兵醒來時，我還沒有下更，見他昨晚酩酊大醉，便走前跟他開個玩笑，說：'Good morning, Sir. Welcome to Japan.'（「先生早晨，歡迎蒞臨日本。」）他聽了大驚，迅即衝出警署。因為按美國海軍規定，水兵擅自離船，罪名是很大的。可幸時值清晨，街道車輛稀疏，他並

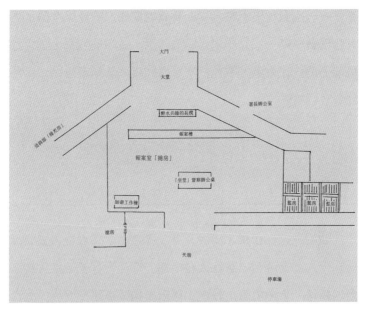

大門

大堂

署長辦公室

醉水兵碼的長櫈

報案樓

報案室〔捕房〕

燒煙斗〔焗死房〕

「坐堂」警察辦公桌

加鎖工作櫈

更房

監房 監房 監房

天塘

停車場

一九六零年代油麻地警署的地面平面圖（何靄雲繪）

作者在警察訓練學校畢業後第一個「環頭大本營」——油麻地警署（姚永康攝於二零零八年）

沒有被車撞倒，要不然，我亦要負上責任。眼見這美國水兵有此慌張舉動，我立即派人追他回來，並向他解釋，指明他目前仍然身在香港，不在日本，他聽罷才施施然離開油麻地警署放心歸隊。

「拉小販」

油麻地人口密集，小販又多。區內小販每每愛將檔口擺放在行人路上，阻礙着行人在街道上行走，甚至使路人被迫走出馬路，十分危險；是以小販阻街的罪項因此而設。大凡在街邊擺檔，不論有牌或無牌的小販都會因阻街而被拘控。為方便「拉小販」，警隊出更必有「豬籠車」（註：「豬籠車」是一種鐵頂大貨車，車身兩旁及後門裝上了鐵網，就好像豬籠一樣，所以市民叫這種車為「豬籠車」。見本書頁165水警總部一圖），只要見到阻街小販，便乾脆拉上「豬籠車」帶回警署。那時候，每更起碼能夠抓到六七十人。後來，我到英國受訓時，有一位英國警員問我：多少天拘捕一次？ 我反問他同樣問題，他說：「每星期一兩次。」我回答他說：「嘿，我每天拉七十人。」他不相信，以為我騙他。問從香港去的同班督察，證明這是事實。其實，我們拉的不是罪犯，是小販而已。我當時沒有詳細向這位英國警員解釋，只讓他自行慢慢去琢磨。

昔日警察拉小販一景

小販生涯

　　這些小販也算可憐，他們經營的不過是小本生意，尤其是有些熟食小販被捕後，全部食物都要充公並遭棄掉，最終血本無歸。所以如果小販逃走，我們都不會像追賊一樣，拚命去追。有一次，我們抓了一個賣雞小販，將他放入「豬籠車」內，但因為當時在場警員太忙，他於是趁機逃走，留下的一籠雞照例被充公。警員們認為他逃走了，使他們不能交差，十分不滿。兩天後，我在街上碰到這小販，便抓住他，問他為什麼要逃走。當時，我發覺他的神情十分驚慌，站在我面前一直發抖。我問他為何如此恐懼，他竟哭着求我不要打他。其實，我沒有想過要打他，只是罵罵他吧了。可能他從前有過些壞遭遇，所以杯弓蛇影。我見他這樣驚慌，十分可憐他，遂拍拍他的肩膀說：「你走吧，我不會為這小事揍你的。」那小販聽罷，覺得很奇怪，怎麼會碰到我這樣的警察，於是向我打恭作揖完後，便趕快離去。

　　回想當時，警察的權力實在是太大，對付弱小市民每每過分苛刻。我不同意動不動就到處要抓人，我認為引導才是最好的解決辦法。縱使小販今天被拉返警署，到明天同樣還是要擺賣的，因為他們要謀生啊！只是，當時的香港社會，清理阻街是警察的一項責任，「拉小販」是為了盡責，被拉者則只有自嘆倒霉，可幸這類被捕者是不會留有犯罪記錄的。

外國人吃填鴨

某次，有一位美國婦人來到警署投訴，她在餐館點菜時，叫了一隻北京填鴨；但侍應端上來的只見鴨皮，而鴨肉卻完全不見（二十世紀六十年代吃填鴨是沒有現在的「一鴨三吃」的），她認為被餐館騙了，要我們代她找餐館算賬。我聽後，哈哈大笑，枉她自認是美國旅遊協會主席，吃北京填鴨的規矩也不知。但她並不覺得理虧，堅持要我們採取行動。我一氣之下，「燒黃紙」（把有關案件的文件從報案室傳交偵緝部。由於這類文件是黃色的，故有此稱）到雜差房，將她送到偵緝部辦理，令到當值的「雜差」（便裝探員）對我這個新任督察頗有怨言。但既然這美籍婦人強調她被騙，這便是偵緝部的工作了。

單車少年

有一次，警署署長下令，將全部在夜間踏單車而沒有亮起車燈者拉回警署檢控。通常這種交通違例是在原地出告票給違例者，但九龍區總區長（警務處高級助理處長）認為晚間騎單車卻不亮起車燈，會對騎車者及其他途人構成危險，而且只發告票並不十分有效，因為犯者可以報上假地址，所以要用拘捕方式來懲罰違例者。

當晚，我出巡時，見到一名少年正騎着一部沒有車燈的單車，照理是要帶他回警署。除非他有五十元擔保，否則便要被拘留一晚，等到翌日才提堂（上法庭）。看情形，他是沒有辦法交出保費的，我又不想將一個才十二三歲的少年與普通罪犯一起關禁。我認為一個青少年嘗試過一次被監禁後，便很容易存有「既然坐過監，就不妨再犯」的感覺。但若然放了他，他一定在無燈情況下繼續踏單車的，則危險情形仍然存在。若他真的發生意外，我便難辭其咎。在這僵局下，我突然想到一個兩全其美的辦法。我問他說：「若我拘捕你，你家人會擔保你嗎？」他表示自己的家境相當困難，家人一定無法拿出保款來。我遂裝成一副感困惑的樣子，說：「若我放了你，你一定繼續踏無車燈單車，但又不想你在監房過一夜。那怎麼辦好呢？」說完，我便作出沉思狀，自言自語地說：「若然單車車輪無氣，還可不可以騎呢？」這少年很「醒目」（機靈），聽罷便立刻把單車的前後車輪全放了氣。於是我對他作了一番警告便了事，然後讓他推着單車上路。事後我很滿意自己對此事所作的處理，一方面沒有作無謂的拘捕，另一方面又不會間接讓這少年產生交通危險。

抓「道友」

　　我第一次拘捕吸毒犯，是在一幢唐樓第四層的階梯上。尋找吸毒客並非難事，鴉片、「白粉」（海洛英）燒起來都有一股特別的氣味，但拘捕吸毒犯並不簡單，不要看他們像病夫一樣無氣無力，當他們吸足毒品後，簡直變了另一個人。我當天的運氣真差，與毒犯糾纏起來，大家竟從四樓的階梯滾了下來，最後還是被他逃脱。

　　「道友」（癮君子）吸毒是見不得光的，越隱蔽的地方越成為他們的安樂窩。因此，公廁便成了他們「辦公」的熱門地方。「道友」在公廁內吸毒，當發現警察的蹤影時，會首先將毒品掉入廁渠內，企圖銷毀證據，有經驗的警員會盡快徒手從廁渠內將毒品撈上來，許多時少不免會沾上穢物，但是為了取得證物，再骯髒也是要做的。有一次，我在公廁內與一個吸「白粉」（海洛英）的「道友」糾纏，我下意識地先要把他拉離那條長長的糞坑，以利於收集證據，他的目的是要把「白粉」掉入糞坑內，以銷毀證據。在這次行動中，我突然一閃念地想：「我堂堂一個督察，為何要跟一個骯髒的『道友』在濕滑的地面上打滾？簡直太不像話了。」我遂把心一橫，放開他再作打算，誰知這一鬆手，他便整個人跌入糞坑內，一身臭氣沖天。瞧他那狼狽相，我覺得又好氣，又好笑，但又怕他投訴我，所以還是「三十六計，走為上計」。

「鹹濕佬」

當年的香港公廁，不少是長坑形公廁（其中設有供公眾大解用的多個廁格，每格都有一對鐵造的，高度僅及半身的掩門，內裏有一個需登上一級石階的地台，如廁者需要蹲在地台上，胯下有一道呈凹狀的幾尺深的貫穿所有廁格的長長的水坑道，以供排便）現已被淘汰了。我每次巡查這種公廁前，必先弄清楚男女廁的方位。如進入男廁時，女廁位於男廁左方，便會先去男廁內最左的廁位。因為男廁與女廁內的廁位彼此只隔着一塊磚牆，有些「鹹濕佬」（色狼）入了廁位後，便會把鐵門關上。他們其實並非真的在如廁，而是蹲在地上，手持小鏡，把手從廁坑伸到女廁那邊，用小鏡飽嚐偷窺之慾。若男廁人不多，而最近女廁的廁位有人，我便將鐵門踢開（鐵門是沒有上鎖的，蹲在內裏的人一般不會面向鐵門，故踢門時便不會打中他們的頭部），看看內裏的人究竟是否真正在「辦公」，或者他是否「道友」？ 抑或是個持鏡偷窺的「鹹濕佬」？那時代有不少色狼是這樣下流的，他們被受侵犯的女士發覺後，往往會遭搶去鏡子，甚至被拉下廁坑，這於昔日市井小民生活周圍，乃是時有發生的風化事件。

我移民加拿大後，發覺彼邦也有這種「鹹濕佬」，他們竟然把鏡子貼在鞋尖上，站近穿裙的女士旁邊偷窺「風景」，但往往很容易被發覺。好此道者，最「先進」的要數多倫多的一名色狼，他竟把迷你錄影機鏡頭藏在鞋尖內，把

裙內的「風景」傳到衣袋內的錄影機。直至一天，被警察拘捕了，事情才被揭發出來。這類犯罪者的心理顯然是變態的，高科技到了他們手中，竟淪落為「鹹濕」工具。

「雪糕風雲」

在一九六零年代，香港仍未有海底隧道，所有車輛都要經汽車渡輪來往港九兩地。當時車輛不像現在的多，但每次「過海」仍起碼要輪候三十多分鐘。當時有空調的車輛不多，故在大熱天時，駕車輪候過海真是一件苦差事。

當時，我是居住在香港島，每次上班都習慣先駕車到中環統一碼頭，把汽車駛上渡輪後，約半小時的船程便可抵達佐敦道碼頭（該碼頭與附近海面現已分別被清拆及填海，發展興建為城市高爾夫球會，以及「擎天半島」等大型私人屋苑），再駕車往油麻地警署。每次下班在佐敦道等候渡海時，必定見有一名用單車售賣大公司（牛奶公司，Dairy Farm）雪糕的小販阿叔穿插於在輪候的車輛中。他是持有流動小販牌照的，所以沒有干犯法紀，反而在炎熱的天氣下向候船者供應解暑食品，自然是受到大家歡迎。我自己或與女友過海時必定光顧他買雪糕或雪條解渴。這位雪糕小販並不知道我是督察，因為我每次到佐敦道碼頭乘坐渡輪往香港時，都是穿便服的。

一天，竟讓我見到那雪糕小販被一同僚帶返油麻地警署，他被拘捕的罪名是「阻街」。我認為他的售賣方式不同其他的小販在鬧市擺賣，算不上是阻街行為，因為阻礙人們在行人道上行走，那才是真正的阻街。況且這位雪糕小販以前從未被拘捕過，這次可能是冒犯了抓他的「差人叔叔」吧。於是我問這位同僚可否將「雪糕佬」這案件交我處理。這警員見是上司要求，又不用「跟手尾」，便樂得做個順水人情，把對方交給我。我問該小販為何被「拉」？果然如我所料，他說是得罪了那位警員，並表示十分抱歉。我也不打算繼續問下去，便在記錄簿上注明已向他作出口頭警告了事。最後，他在記錄簿上簽名後，即道謝離去。

　　關於此事，我原以為事情已經完滿解決，怎知卻帶來一個頭痛的問題。那位阿叔經過這件事後便認得我。當我每次排隊渡海時，便主動請我吃雪糕，不是請我吃一杯雪糕或一根雪條，而是把五六件雪糕雪條放入紙袋內給我。我一個人怎能一時吞下這麼多的凍品？真是啼笑皆非。有一次，我跟女友渡海，他發現我們兩人，竟把十二件雪糕雪條遞過來，令到我的女友以為他精神有問題。更教人厭煩的是，那「雪糕佬」沒有認真聽取我的勸告，仍不停的送雪糕給我。

　　接連幾天都是如此，我真的無法忍受，唯有採取「果斷行動」：一天，我在出更時候，帶領了一輛「豬籠車」到佐敦道碼頭執行任務。停車後，特意朝「雪糕佬」那邊走去，即時把他連人帶單車推上「豬籠車」，直嚇得他面無人色，

一九六零年代末的中環統一碼頭（巴士站右邊）

一九七零年代初的佐敦道碼頭，右上方那艘船便是作者昔日駕車乘搭的同類型汽車渡輪。碼頭前方的行人天橋下的汽車出口處，因作者建議而設置安全鐵欄。（詳見頁62「非常建議贏得青睞」一節）

以為我神經失常。在「豬籠車」內，我警告他說，若他以後再送雪糕給我，我會吩咐當日拘捕他的警員天天來找他麻煩。我又對他說，若我要買雪糕，他一定要收錢，否則以後不能在那裏販賣。他見我的神態，知我是很認真的，便發誓以後與我正常交易；這樣，「雪糕風雲」到此才告了結。從此以後，我和那小販阿叔反成了朋友，每次過海都有交談。

肯做，敢做，激發潛能

　　由於工作繁忙兼且多樣化，使我漸漸忘卻了兩年多前在畢馬域會計師行那枯燥的會計生涯。那年剛好是油麻地警署的核數年，香港政府財政部到油麻地警署進行例行工作。當時，署長發現有幾張重要收據，如犯人離開警署時的「包頭」（犯人被監禁時的私人財物）認領收據等，因為貨倉太小或移動文件太頻密之故，不知如何失掉了。如果讓核數師發現，署長是很難解釋的。我見署長那麼緊張，便問他遇到什麼困難。聽他道出原委後，我便自告奮勇為他解決難題。

　　憑我的會計經驗，我知道有一張收據副本存放在法庭內。於是我抄下記錄簿內的收據號碼，到法庭找行政官商借副本去複印。經過數小時後，終於從千萬份文件中找到幾份正是核數員要看的副本，遂將之複印後帶回警署。我在署長面前向核數員作出令對方滿意的解釋後，署長終於鬆了一口

氣，事後問我怎會想到解決的辦法。我嘻皮笑臉地回答他一句：「用腦。」從此以後，署長對我這個平凡的見習督察開始另眼相看，很快便發給我一些較重要及較「舒適」的工作，例如擔任分區總管及少當「夜更」等。

請讀者留意，倘若繼續讀下去，你將會發覺我的性格常常使我在每一個職位上都兼做其他非比尋常的工作，令我的上司對我另眼相看，或欣賞我的表現。所以我認為一個人平時學會更多知識本領，總會有用武之地；而且無論遇上何種情況，都應該不怕吃虧，盡量激發自己的潛能。

「阿黃，你想我死嗎？」

剛離開警察訓練學校的見習督察，因為經驗少，很多都不會對下屬太嚴格，下屬如犯了小規例，頂多是警告他，很少會用警例控告（稱為「砵」，粵音but³）下屬的。因此，上司怪責督察最普遍的理由，是他們對下屬太寬鬆。許多上司更利用這理由，在個人週年報告上批評督察軟弱，不能有效地管制下屬。

一天，署長與督察開常會，順便提出這問題，他越講越氣憤，不久便達到責罵的程度。忽然，他對着我說：「阿黃，你出警校以來『砵』過多少下屬？」我回答說：「一個也沒有，因為他們並沒有犯規。」署長說：「沒有犯規也要

『砵』，這樣才可鞏固你的地位。」我覺得這是過份強調等級關係的專橫作風，不論如何，只要憑藉自己的優越表現便可服人。

翌日，我當早更坐堂督察，由上午七時至下午三時。雖然沒有明文規定，接更的通常會早十五分鐘到達報案室，以便跟上一更交代清楚。當天，恰巧有五人六時五十分前來報到，有兩人於七時零二分才到達。原本這問題並不嚴重，可以不採取行動，但我想到署長昨天的話及怪責大家的態度，於是把心一橫，控告七個下屬出更遲到，一口氣把七份控告書全部放在署長的辦公桌上。當早九時，署長到達他的辦公室，我忽然聽到他大叫一聲，跟着走到門外，向我的方向大喝：「阿黃，你立即入來見我。」

我早料到會有這個場面，於是便放下工作，操入他的辦公室，立正見禮，準備接受他的咆哮。署長拿起那七份控告書在我面前晃來晃去，說：「阿黃，你想我死嗎？」我回答他說：「為何這樣說？」他提高聲音叫道：「一會兒，油麻地區警司見到這七份控告書，必定發生『大地震』，說我工作不力，及教導你們無方。」我理直氣壯地說：「阿 Sir，你昨天說我不控告下屬，今天卻說我控告太多，你究竟要我怎樣做？」他回答道：「一兩單就夠啦，七單！你想我死咩！」我向他解釋：「我不能告一人而不告另一人，七人遲到，七人都要被控告。」他停頓一下，望着我大概半分鐘，說：「算了算了，今天的事不要再提，我撕掉這些控告書，

你回去繼續你的工作吧。」

我在香港警隊八年半，從未有控告下屬，他們工作正常，沒有不良表現；可以說，對下屬該不該「砵」，實屬見仁見智！

非常建議贏得青睞

一天，油尖區警司（俗稱「老巡」，是區內最高級的長官），召集督察級及以上警官開會，研究該區的問題及頒佈工作令。開會近尾聲時，他提到督察的工作範圍，不知不覺地開始教訓一頓。他指出我們身為督察，工作不應只限於跟着上司的指示去做，應該用自己的想像力來充實我們服務社會的工作。他說我們做督察的從不提供意見給他，或對油尖區內各項工作有任何新貢獻，他對此很失望。接着，他問我們各人還有什麼問題可提出討論，當時鴉雀無聲。忽然，我從椅子下面取出一個模型，放在他面前。

這立體模型是我幾天前用塑膠泥及模型飛機木砌成佐敦道碼頭渡海輪範圍的立面圖。我想用這模型指出，每當車輛駛上或駛離渡輪時，往往會出現人車爭路的危險現象。當車輛上落船時，行人是要利用天橋橫過馬路的。為免麻煩兼省時間，不少行人都棄用天橋，情願走出馬路上，在汽車之間前後穿插；更有甚者，是那些推木頭車的，也不等沒有車輛

才橫過馬路，這樣不只阻慢交通，也增加了許多交通安全的問題。我的建議是加上一雙活動鐵欄，當車輛上落船時，把鐵欄關了，使不用天橋的行人無法走出街外，在車與車之間橫過。待全部車輛通過後，再把鐵欄開啟，讓行人安全地過馬路。

我這模型頓給警司一場驚喜，因為他剛才還在埋怨我們沒有想像力，沒有貢獻。結果，他同意我的建議；第二天，派了油尖區總督察與我實地觀察。不到一個星期，工務局（相等於今日的環境運輸及工務局）便將鐵欄建立起來。這樣快的反應在昔日公營部門真是少有，那反映了警司十分重視我的建議，確實給我很大的鼓勵。

一張冤枉告票

以下是一個相當傳奇性的故事：我在油麻地警署工作期間，有時自己駕車上班，有時由我的女友來接我下班。有一天，女友來接我下班，那次她的面色很難看，好像受了委屈似的。原來她在新落成的窩打老道駕駛時，被一名騎電單車的交通警員截停，發了一張告票，控告她在規限時速三十英里的公路上超速二十五英里（時速高達五十五英里）。本來駕車超速不為奇，但她駛的是我用一千元買來的十四年老MG老爺跑車，不要說這輛車不能跑每小時五十五英里的高速，

能跑四十五英里已使我驚奇。再説女友接我下班果真如斯心急，兼且老爺車竟狂野如奔牛，這簡直令我喜出望外了。

於是我陪同女友到尖沙咀的九龍交通部找那警員理論。剛巧他準備下班，我於是向對方表明一定是他把速度弄錯了，因為我的老爺車超過時速五十英里，水箱便會水滾，所以我的女友不可能達到這個速度。這警員見我是督察，又親自跟他理論，便應允將速度減到三十三英里，更指出發控告狀的督察見到這速度，多數不出票的。我們相信他的話，便駕車離去，不再理會。

過了幾天，我的女友還是收到告票，仍然指她超速二十五英里，要她一個月後上法庭受審。

我最恨沒有口齒和不守信用的人，但事到如此，亦無辦法挽救。

怎知冤家路窄，這警員後來竟撞到我面前來。有一天，我在報案室出早更，這警員剛被派到各區收集每個「環頭」（非交通部）警員發出的交通告票，以便帶回交通部處理。交通警員通常從報案室桌上一個盒子內，拿了告票便走。正當他拿取告票時，我已認出此人並喝着要他立正，問他的警帽（頭盔）在哪裏，及為何見到上司不行禮。當時他不認得我，於是立正，行禮，及完全做齊了對上司尊敬的行動，在眾人面前要這樣做，對他來説是很失體面的。

第二天，歷史再度重演，此人已覺得事有蹺蹊，暗自向報案室的警目探聽，為何這督察對他如此。後來那警目問

我，我於是將告票的事告訴對方。第三天，那交通警員即低聲下氣地來向我道歉，說他一時失察，得罪了我；我便趁機警告他做事要誠實，不要隨便寫下一個速度來「攞 case」（接辦案件），粉飾自己的工作成績，而不惜冤枉市民。他聽罷便再次道歉離去。

第四天，我仍然要他做齊向上司見面的禮儀，使他領略到道歉後並不一定安然無事。第五天，他來到報案室，在他準備敬禮前，我對他微笑一下，並揮手示意他不用再見禮。

開審的那天，我陪同女友上法庭，湊巧的事又發生了，主控官和我是好朋友，他問我為何到法庭？我介紹女友給他認識，並解釋到庭的原因。

開庭時，女友坐在犯人欄上，主控官問她認罪否？她說不認罪。忽然主控官對法官說法庭內的空調溫度太低，女被告看似衣服太單薄，可否找人拿一件披肩給被告。法官好像收到提示，微笑着叫法庭職員拿了一件外衣，給我女友披上。

接着，主控官叫警員認人，法官亦要警員確定我女友是否被告。警員忽然說：「法官大人，當天被告人頭包絲巾，又戴了太陽眼鏡，我不能確定是她。」於是法官立刻下令被告無需答辯，撤銷控罪。

離開法庭時，我女友不明白這案件為何這樣快便結束。事隔數月後，她提起這件事，我才微笑地叫她自己尋找一個傳奇性的答案。

職業被告

油麻地區是港九最繁忙的地方之一，這裏地少人多，小販擺檔阻街不在話下，商店阻街亦是尋常事。小販犯例是即時被拘捕，因為有些小販居無定處，有些虛報地址，若用告票方式控告他們而不即時拘捕，百分之五十以上都不會到庭受審。所以，「拉小販」是無可避免的。若是商店阻街則不同，因為商店有永久舖址，接到告票不出庭，法庭可出票拉人，所以犯阻街罪的商店都是用告票方式控告的。

有一天，我在法庭旁聽，剛巧法庭在處理一些商店阻街的案件。第一件是控告「阿一」商店的，有一名衣履不整的人自認是被告。控罪（指阻街）讀出後，問他認罪不認罪，他表示認罪；又問他有無話可講，他說沒有，法官便判他罰款二十元。跟着審「阿二」商店，竟又是剛才的同一被告表示認罪，法官不看一眼便照判罰款二十元。如是者，阿三、阿四，直至阿八，每宗案件都是同一人認罪，法官每次都是托着腮，例行公事般，枯燥地作出問話及判案。突然，他發覺事態不尋常，為何一個衣冠不整的人，可以擁有八間商舖，而且大模斯樣地每件控罪都認了，又不求法官輕判。法官遂停止繼續審判，轉問這人的來頭。那名男子很爽快地回答法官，說他並不是商舖的主人，只是替他們上庭認罪。他說店主們無暇處理這些費時的小事，於是聘請這個職業被告，每家商店給他十元作報酬，讓他到庭代認罪及交罰款。

説到七十二種行業，這職業被告一定不入流，但在香港搵食（謀生），如果説有七百二十行，相信亦不算多。再者，若這職業被告每天替別人認罪二十次（這是大有可能的，因為他認罪八次，只費了十分鐘），他便可得到二百元的收入。如此類推，趙若他每月工作二十天，他每月的收入可達四千元，這比督察的月薪多了三千元。而當時的警員收入也只是每月四百元而已，唉，真是英雄莫問出處，「行行出天王」也！

出位法官

　　上文提到法庭，引起我聯想到幾件法庭趣事，本書所描述的，都是我個人的經歷，可以説得上是現身説法，但以下這一段，我所講的並非自己的親身經歷，而是別人的與法庭有關的趣事。現在回憶起來，是相當滑稽的。

　　昔日有一位華籍法官，他的觀點與眾不同，在判案時往往令人拍案叫絕。一次，有四人被控一同賭博，宣判前問他們有何話説，其中一人向法官求情，希望法官對他輕判，因為他是四人中輸錢最多的。法官回答他説：「賭博輸錢的人多數堅持要繼續賭下去，希望翻本，因此你的賭博細胞最強，我判你罰款比他們三人重。」

　　另外一次，有一華籍男子雞姦印籍男童。判案時，這

貪官葛柏在任時喜歡別人向他立正及敬禮

位法官認為這華人「為國爭光」，因為他較多聽聞印籍人雞姦華人，卻很少見到華人竟幹出這回事，所以輕判了事。此事重提起來，又覺得這位法官有點民族主義作祟，實不足為訓。

有次，一個吸海洛英的癮君子被判時，這位法官問他吸毒多久，他回答說已有四年。法官指出通常重判吸海洛英的「道友」，但吸海洛英者的壽命最長只有五年，他眼前的「白粉道人」，壽命只剩一年，所以輕判他，讓他能享受殘餘的一年。

以上案件是我從報章上看到，多年來，此等相當出位的判決實在令人印象深刻。

「禮皇」葛柏

畢業後，我被派往的第一個「環頭」是油麻地，而我的首個警司級的上司是彼德・葛柏（P. F. Godber）。相信許多讀者都知道他是誰了，對！就是那位臭名遠播，搞得滿城風雨，於一九七三年六月八日，從英國引渡押返香港受審，最後裁定入獄數年的大貪官。

有一次，我在報案室當值中更（下午四時至深夜十二時），六時左右，各高級上司都下班回家了，我們在報案室後面的天堦吃晚飯。警署工作繁忙，如果去飯堂吃飯，往往

吃了一半便被叫回報案室辦事，所以索性在天堦吃飯，比較方便。這天晚上，我正在天堦吃飯，忽然聽到在報案室的警目大叫一聲：「Attention（立正）！」我以為那警目在開玩笑，正準備叫他不要大嚷，卻看見葛柏警司從報案室來到天堦，看見我們正在吃飯。這一下非同小可，因為可被「內部控訴」幾條罪的，但他揮一下手，説：'Carry on'（「繼續你們的工作。」）然後走去了。我很奇怪他為何沒有責罵我們。這有經驗的警目告訴我，葛柏是「禮皇」，無論大小事，最重要的是尊敬他，大叫立正及敬禮，包保沒事。後來，我發覺有不少高級警官都是「禮皇」，只要給他們敬禮，便可大事化小，小事化無。

排隊買「白粉」

在油麻地，無論是大街大巷，抑或是橫街小巷，到處都是行人；到中午，這一帶更特別人多，有些橫街尤其擠擁。原因在於中午時分，有人公開販賣「白粉」，一人賣「白粉」，幾個同黨作「天文台」，亦即「睇水」（把風），所以即使警員（便裝或軍裝）迅速抵達，這批人卻已經一早聞風「散水」（撤退）了。

一位英籍同僚（亦即上文所説及的「錄音機奪愛」的主角），做事方式很古怪，不過無論再怪，亦可以達成

他的任務。這一天，他竟穿上督察制服，走向一條有「白粉」出售的橫街。到達時，他並不走向「賣粉」的毒販，而是跟着其他「道友」排隊。當時人人忙於買賣，沒有人發覺而大叫「散水」。那幾個 「天文台」亦不知躲到哪裏，竟沒有覺察到一名穿了督察制服的外國人在排隊。當這位警官輪到最前的位置時，即一手將這「賣粉」的人拘捕了。他回來向我們說及此事，我們都不相信，但他連人帶證據都拿到了，不由你不信。也許，那些賣「白粉」和買「白粉」的，是太過埋首於「一手交錢，一手交貨」；不然的話，又怎會如此倒霉。

掃毒隊裝束

　　吸毒和販賣毒品都是當時香港社會的一大問題，總部既設有掃毒隊 ，如毒品調查科（Narcotics Bureau）；各區亦設有反毒組，如香港反毒組，九龍反毒組；至於各「環頭」則設有掃毒隊等。我駐守油麻地區不久，便被調到九龍區總部，參加為期兩星期的督察級掃毒隊，這掃毒隊是由一群「差齡」（任警察的年資）不高的年青督察組成，目的是讓他們吸取反毒經驗。他們的活動範圍是整個九龍地區，遍佈區內的木屋區、徙置區，以及人口繁雜的市集等等。

　　當年在香港，很多中下階層的男士常穿短打裝束——

通常是著上唐裝衫褲，上衫中間開胸，用中式紐扣扣着。掃毒隊因為要與他們無異，穿的亦是唐裝衫褲。但是這督察組成的掃毒隊，全部是年青人，加上整齊的短髮型，一看便知不是出入毒品交易地帶的人，穿上短打，更加顯得突出。幾個人一同走進毒品交易地帶，很容易便被認出是警察。所以掃毒隊到達時，多數見到雞飛狗走的現象，故此成效不甚理想。

一天，我上班前，換上一套修理汽車技工穿的「蛤乸衣」（工程人員習慣穿著的一件頭連衣褲裝束；李小龍在電影《精武門》假扮電話維修員時所穿著的，便是這種服裝），頭上戴了一頂有油屎（電油跡）的鴨咀帽（唥帽），駕了我的老爺開篷車，在彌敦道駛向深水埗石硤尾區。忽然，我感到肚子餓，便停在一餅店門前，下車買了一個餐包吃。賣包者是一個年青的小伙子，他見我駕駛跑車，很不順氣地說：「瞧你真神氣，還以為你是車主，原來只是一名『整車（修理汽車）的油屎仔』（滿身油污的小子）。」我聽了很生氣，覺得他無需要取笑我。正要教訓他一頓之際，我忽然想到我的裝扮一定很逼真，不會被認出是警察。於是便不理睬他，上車向目的地駛去。當日我為掃毒隊「開路」，直搗黃龍，總算沒有被識破。以後我每次

就是它！搶了區長座駕風頭的積架跑車。

A YOUNG groom got his brand-new bride to their reception on time yesterday in an unusual way.

Police Inspector George Wong drove his wife to the Hilton Hotel in his open car.

George, who married Miss Wendy Hoh at the Roman Catholic Cathedral is a member of the Hongkong Motor Sports Club.

Other wedding guests, also members of the Sports Club drove the rest of the wedding party to the reception in open sports cars.

George, an inspector at Fanling Police Training Contingent, told The STAR he was very proud of his 1950 MG.TD sports car.

First ride as his wife

It has won the Concourse d' Elegance competition for two consecutive years.

He said he had wanted his car to be at the wedding so that Wendy could take her first ride in it as his wife.

Newlyweds get sports car escort

幸有香車（老爺車 MG TD）迎淑女

化裝都是穿著「蛤蟆衣」，假扮得「天衣無縫」，成功隱藏我的身份！

靚車媲美警司車

我那用一千元買來的老爺跑車，是我在畢馬域蔑曹核數師樓工作時買的，當時我的薪金是每月港幣四百元，除了入電油外，再沒有多餘錢來保養了。讀者們可能看過動畫片或喜劇電影中的司機，要常常踢老爺車一腳，它才肯開動。這對我卻一點不是笑話，許多時我需要用重物敲打老爺車的電油泵，才能使機器發動。那時我尚未結婚，仍與父母同住，父親看到我差不多每天都要「打」老爺車，便囑我換一輛較新的車。但我十分喜愛這老爺車，因為它有「性格」（我保留這車很久，一九六六年結婚時，我們恰恰是用這老爺車作為「花車」，幾位朋友都是駕這種老爺車的，他們在我們婚禮完成後，一起用同類車離開教堂，成為一時佳話）。

加入警隊後，我的收入較好，月薪一千零三十元，我便慢慢地改善這老爺車的內涵及外表；後來，更讓我連續多年贏得香港賽車會最佳保養跑車的錦標。

在油麻地警署工作時，剛巧有一位醫生朋友要出售他那輛買了十年的「積架」開篷跑車。這車機件甚佳，雖已是十年，但仍似簇新的一樣。我試車回家，給父親看到，他問要

賣多少錢，我說三千元，父親說若我放棄那老爺車，他便借錢給我，買下這輛橙紅色的「積架」（見頁72插圖）。我很喜歡這輛「積架」，但又不願意放棄那 MG 老爺跑車，因為這時的 MG 已被我用心修改成為一輛值得收藏的老爺車。於是我想到一個辦法，借錢買下「積架」，將 MG 送給我的女友，那不是魚與熊掌都兼得嗎？

我和油麻地警署的「車長」們（警車司機）及「車頭」（管理車長的警目）都很合得來，他們有機會便自動把我的「積架」駛進有蓋的車位內，常常泊在警司的車旁。警司的私人座駕亦是一輛「積架」，但他的是一輛黑色房車，泊在我的橙紅色開篷車旁確是有點失色。加上油麻地警署的「管店」亦很尊敬我，因為我不擺架子，常常跟他們閒談，他們有空時便把我的「積架」洗淨及打蠟，所以我這輛汽車真是天天連螞蟻也爬不上的。

有一天，區內的「咩喳」（高級警長，制服有一闊紅帶斜掛胸前，他是區警司的隨身侍衛）問那橙紅色的「積架」是否我的，我回答是我的私人車。「咩喳」說，警司覺得那車太引人注目，恐怕會引起反貪污部的注意。我對「咩喳」說：「反貪污部注意亦無所謂，我的車是我父親借錢給我買的。我父親是銀行家，擁有一家中型銀行，他可以證明是他借錢給我買車的。」「咩喳」聽後，說警司不喜歡我的車泊在他的車旁。於是我向「車頭」解釋，並着他以後不要將我的車泊在有上蓋的停車位。

幸好過了不久，我的防暴隊受訓期到了，否則不知這嬌艷的「積架」會否因太顯眼而給我帶來麻煩。

非法麻雀賭檔

在二十世紀六十年代，香港賭博種類繁多，從合法的賽馬、馬票（當時的彩票），至非法的字花、番攤、骰寶、外圍馬、澳門的外圍狗、紙牌、牌九等等，到處皆是。又有變相賭博的麻雀學校，名為學校，實是賭博的好去處。在麻雀學校，單身一人入內亦可打成麻雀，而不需自行「揾腳」（湊夠人數），「學校」可以隨時供應三人跟你打牌；時間亦無限制，可以打一手，可以打一圈或四圈，賭博銀碼大小，任君選擇，方便之至。但仍然有人不喜歡到麻雀學校去賭博，所以另有很多非法賭檔來迎合這些人的需要。這些賭檔都是設在私人住宅內，但亦有些紙牌或牌九賭檔是天天轉換「架步」（賭窟）的，如用酒店房間作為臨時賭檔，供給「熟客」「耍樂」。這些地方較為容易避免警察耳目，因為賭客是在開賭前短短的時間內才接到電話通知的。這名為「走生檔」。

這裏不妨一談有關二十世紀五六十年代在香港流行一時的「馬票」（廣州話口語讀作「馬標」）博彩活動。香港賽馬會從幾百萬張已賣出的價值兩元一張的馬票，攪珠抽出

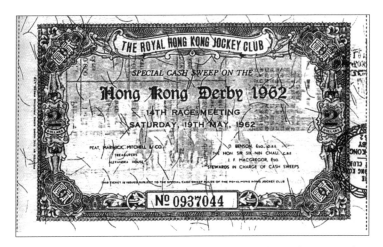

圖為一九六二年香港賽馬會售賣的一張馬票。馬票編號的左上方印了馬會司庫Peat, Marwick, Mitchell & Co.（畢記）的名字，作者曾在此當實習會計。

若干張（大概七十至一百多張）「入圍馬票」，根據總收入撥出一部份作為入圍獎。我的二姊曾中了一次入圍獎，彩金為港幣七千元。賽馬會又從這些入圍馬票抽出若干張配入一場大賽馬，如該場賽事有十駒出賽，則有十張入圍馬票分別配給每隻馬匹。賽畢後，頭馬的馬票便是頭獎，跑第二的便是馬票二獎。大獎一共有三個，其他歸回入圍票處理。當時「馬票」頭獎的彩金有港幣一百萬元左右。

　　長一輩的讀者有聽過「貪官買馬票」嗎？情形是這樣的：除了大賽馬有馬票開彩外，賽馬日每場都有同樣性質的賭博。賽馬會在馬場內賣出每場的小馬票，稱為「小搖彩」。攪珠抽出入圍小搖彩後，把票號掛在馬場的報告板上，每票配搭當場出賽的一隻馬匹，跑出第一名的馬匹所配搭的彩票便是該場的小搖彩頭獎。這些小搖彩獎金不多，但亦有數萬元。筆者在賽馬會工作時亦曾當過「掛小搖彩號碼的人員」。

　　那些貪官之所以樂於購買中了獎的馬票，無非是用來騙人相信他們的財產是贏來的，而不是貪污得來的。這些貪官有人代放「聲氣」，知道有人中了馬票便向中獎幸運兒買來，買價當然高出馬票的獎金。買家固然有「着數」，賣家亦中了「雙重彩」。

　　那時香港並沒有這麼多的高樓大廈。搜查麻雀賭檔實在不容易，因為周圍佈滿「睇水」，從街上到住宅入口，都有大漢守着，住宅又有鐵門鐵閘，加上鐵鎖，待到打開鐵門，

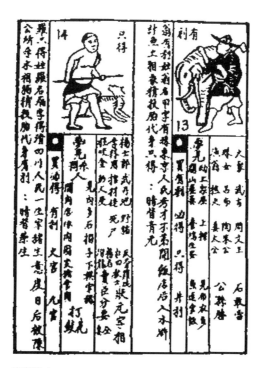

字花貼士

只能見到一群人在內呆着，有打麻雀的道具（如麻雀枱及麻雀燈），但找不到最重要的證據——麻雀牌。

有次行動中，經過詳細的搜查，到處都找不到麻雀牌，待準備收隊時，有一名警員因為覺得屋內空氣悶熱，打開窗門讓新鮮空氣流入，卻發現窗外有一條長長的木板，兩邊釘上木條，成為一塊很長的運輸板，可把一箱麻雀從窗外運到鄰居樓下的窗內。於是到鄰居樓下去搜索，發現有一老婦住在那裏。我們檢獲八九副麻雀牌及一批現金，全部人物及這老婦都被帶回警署查辦。錄取口供時，因為被捕者人心不一致，最後由於有部份人認了罪，並供出運走證據的經過，於是成功將之一網成擒。

字花檔

「字花」賭博是犯法的。在一九六零年代的香港，這玩意十分流行，各區都有很多字花檔，它們都是字花莊家（字花廠）的小代理。在人口稠密的地區內，常有數十至數百家字花檔，半公開地營業。

字花賭博的規矩如下：「字花廠」開出一列表，表內有三十六個古代人物，供賭徒選擇，投注一元，選中者，可得三十倍（即三十元）的獎金。賣字花的多設檔於樓宇的門口或樓梯口。他們的攤檔，有代客補絲襪的，或代客填表寫信

的，或梳頭刮面的，或賣報紙的。他們用自己的職業來作掩護，進行非法行為。字花每天「開標」兩次。字花廠常常提供貼士，這些貼士是用一首詩，或圖畫來表達貼士的含意，有時被刊登在小型報章上，讓賭徒跟着貼士去猜度，提高他們的投注興趣。

「坎」（掃蕩）字花檔不是難事，證據亦很容易在他們手中或檔內檢獲。法庭判這些小市民罰款不重，看樣子，只用坎字花檔的方法，是很難杜絕這社會問題。後來香港政府舉辦六合彩，字花才不消而滅，但六合彩亦是賭博，所以問題仍然存在。

我在油麻地警署時，九龍總區長有一個辦法去打擊字花檔，雖然不能鏟草除根，但亦有些效果。各區督察們，每隔數星期便收到來自九龍總部的私人信，信內囑咐該督察在限定的時間內，到別的警區「坎」一檔字花，例如我駐守油麻地，該信則指明我要到深水埗行事。我對深水埗區全無認識，但仍可以找到字花檔，這證明字花檔到處都是，找這些攤檔全不費力。

有一位「新紮師兄」收到了這種信後，為了表示自己能幹，到別區一連串「坎」了許多字花檔，以為一定受到讚賞，怎知卻開罪了該區幾個的主事人。這件事傳出去後，這位仁兄無論調到哪個「環頭」，都惹人注意，恐防被他的「勤懇」精神連累了。

「搞掂告票」

　　在二十世紀五六十年代，常有「搞掂（報銷）告票」的事情發生。那是指有些人如收到違例泊車告票，會去找當差的朋友，叫他去取消這張告票，自己便不需上法庭及交罰款。不少人以為這是很容易「搞掂」的事，起初香港亦常常有這種事情發生，所以市民大眾都以為「搞掂告票」是很平常的事。

　　實際上這是一件不容易辦理的事。我的朋友以為因我是督察，隨時可以到交通部找朋友取消告票。試問交通部的督察，是不是每天可以取消數十張朋友的告票呢？如我去找他幫忙，我會令他難做，而且我亦欠他一份人情，將來不知怎樣回報。使我更為難的一面，是應付朋友，若你不代他「搞掂」的話，他便對人說你不夠朋友，小小事都不幫忙。這些人不是吝嗇十五元的罰款，但若然可以取消告票，他便覺得自己很有地位，有面子，可以在他的友人面前炫耀一番。這做成了一種不健全的社會弊病。我和一般同事們當遭到朋友拜託幫手「搞掂告票」，便代為上法庭付罰款十五元了事。我代朋友如此做過數次，希望我的朋友讀到此處時，良心發現，還我十五元，另加四十多年的利息為盼！

舞廳，舞院，舞苑

一九五零年代中期，香港有很多舞院是供給青年人去娛樂的，只要付上少許入場費，便可帶着舞伴入場大跳一番。有時為着搶生意，女賓是不用繳費的。這些舞廳沒有舞伴供應，是「牛仔」「牛女」（後稱「飛仔」「飛女」）出入的地方，男士為了「爭女」打架，亦是常有的事。

二十世紀五六十年代，香港已有許多供應舞女伴舞的舞廳，這類舞廳大概分為三種：大型的收費較昂貴，每小時收八元八角，稱為「舞廳」；其次收費中等的是舞院，每小時收四元四角；最下級的是舞苑，每小時只收二元二角。儘管這些名稱並非標準、恰當的叫法，不過可以藉此簡化地辨別它們的品流。

舞廳排場高貴，是高消費者談生意或作私人交際的地方。到舞廳坐下後，便有人招呼酒水，跟着大班（舞女大班或媽媽生）到來問你有沒有熟悉的舞女，或介紹給你「新下海」（新入行）的舞女。舞廳及舞院在枱上放有舞女的名單，讓舞客選擇舞伴，與在飯店用餐牌「點菜」無異。舞女伴你跳舞或聽音樂，收費八元八角一個鐘，一個鐘的時間並非等於一小時，而是大約佔兩首樂曲的時間。一個鐘過後，如你不續鐘叫她「坐枱」，她便說一聲：「對不起。」然後「過枱」到其他客人枱去伴舞；若你喜歡這舞女，你可以叫大班帶她回來，多坐幾個鐘，每鐘仍收八元八角。除此費用

外，還要買酒水給她，不用說，不是「酒微菜薄」 而是「酒微『菜』靚錢不薄」；酒是劣酒，「菜」是這裏的人對女性的俗稱。

舞廳的「女」打扮時麾，香水、化妝品都是名貴品。她們年青貌美，談吐高雅，又懂得交際，所以常令許多人沉醉在歡場中，不惜一擲千金。

舞院是沒有什麼排場的，場面亦不十分華麗。舞女的衣著及化妝品都很普通。舞廳的舞女多穿長旗袍，舞院的則不同，有穿長褲或牛仔褲的，迎合中等開支的舞客。穿著隨便的，三教九流的舞客亦多，舞廳的排場對他們太拘束了。

舞廳及舞院的舞客可以「買鐘」，帶「女」出街，這即是說，舞客若要「打烊」前（即凌晨一時前）帶舞女出街消夜，或到夜總會消遣，他便要向舞廳方面 「買鐘」，買多少鐘是可以講價的，但大多視乎舞客與大班的關係，是熟客或是生客，離「打烊」尚有多少時間，或這舞女是否坐「冷板櫈」（無客捧場）等。

「買鐘」數量可以由數十個鐘至數百個鐘不等，這要看舞客的需求了。出街後，如舞客有特別要求，這是舞客與舞女之間的事，警方亦顧不到這方面的私人發展。

論級數，最低級的是舞苑，這些是「鹹格」地方，舞客不是為跳舞而來，舞苑內不一定有舞池，就是有的話，都是很小，「醉翁之意不在酒」，那根本就派不上用場。

舞苑內的燈光很暗，法律規定光量是五燭光（五個瓦

特），差不多等如菲林沖曬室內的一盞紅燈。這一盞五燭光的紅燈泡是用來照亮整間舞苑的。當舞客來到時，有帶位員用電手筒帶路，坐下後可說是伸手不見五指，亦看不到舞女的真面目。她們多是過氣的妓女，又老又醜，舞客在這暗淡的燈光及當時的情景下，可以幻想加狂想對方是美若天仙。他們是用手指舞動而非真正用雙腳跳舞的（當時謔稱此舉為「手指舞」），讀者可以想像出當時舞苑內搞的是什麼樣的活動。舞客坐在沙發上，前面擺了一張小咖啡枱。這裏沒有洋酒供應，舞客坐下後，侍應生給他端上一杯「清茶」。這杯「茶」是不能飲的，初上舞苑的舞客，若沒有人提醒他，喝了這杯「茶」，不但會受人嘲笑，而且會噁心不已，因為這杯茶是供那些「鹹濕」舞客洗手用的。所以「過來人」的老讀者會知道，上這些舞苑遇着警察查牌時，千萬不要跟警員過不去，否則會被請飲「茶」，夠好受的了。

查牌

　　警察到舞廳或舞院查牌時，除了掃黃外，還有一個更重要的目的，那就是當年許多良家婦女或未成年少女被歹徒迫良為娼，是司空見慣的事，所以署長每星期都發出一張查牌單，給督察們查看舞廳或舞院有沒有犯法。到達舞廳或舞院時，第一件事便向經理索取「鐘單」。「鐘單」是註有當

日所有舞女的工作記錄。拿到「鐘單」後，再從一本有照片的舞女註冊簿內，挑選幾名當日工作的舞女，叫大班帶來問話，跟她們談談，以便確知她們的年齡及並非被迫做舞女的，並要查看她們的身份證，確定她們不是頂替「鐘單」上的名字。因為如有舞女未及年齡，或有其他問題，經理是會把她收藏起來的。有時大班會帶一個年青貌美的舞女來，說她是新下海的「讀書女」或「書院女」，希望督察下班後來捧場，會特別招呼。舞廳或舞院的舞女亦希望和督察們打交道，希望督察可以每天送她上班，讓姊妹們妒忌自己；有些更希望有警方人員與她們同居甚至結成夫妻，脫離賣笑生涯。「差人」愛不愛「邪牌」是另一回事，至於又為何有「邪牌愛差人」此一說法呢，看來並非事出無因。在當日，我們不少各階級的同僚之中，都有過這種「艷遇」呢。

查舞苑牌則不同，因為它是「鹹格」地方，所以要突擊檢查。進入舞苑後，立即走到開關燈掣的地方，把全場的燈都亮了。這時的情形是十分混亂的，經理大叫「查牌」，舞女們即趕着拉好衣裙，舞客們忙於把褲鍊拉上，狼狽不堪。待回復平靜後，警方便質問各人剛才在幹些什麼活動。這時鴉雀無聲，人人好像乖乖的小貓，坐在沙發上，一聲不響。問及剛才在做什麼，他們都回答：「冇嘢（沒事）呀。」因為沒有警方證人，所以很難控告主持

重慶大廈開售時的報刊廣告

在一九六零年代，尖沙咀的香檳大廈和重慶大廈都是黃色架步喜歡落戶的建築物。（姚永康攝）

人。偶然遇到一個 「沙塵」（態度囂張）的舞客，說警方不應干涉他的私事，更大發議論批評警察的工作，或說他是某警司或雜差的表兄或小舅。要這種「資深客」去飲那杯「茶」作為懲罰，他們必定不會中計。嗨，算了！只有帶他到警署，扣留四十八小時，名為「協助警方調查案件」。回到警署後，他可以自行或找人用現金擔保外出。到這時，此人必低聲下氣地連聲道歉，希望不會被扣留，以免讓家人知道他幹的醜事。

每個警區內通常都有幾位督察是持有「隨時使用」的保護婦孺法例搜查令。有此搜查令便不需要每次「坎架步」（掃蕩風月場所）時都要到法庭申請。這搜查令是發給具經驗及盡責的督察，我持有這搜查令及毒品搜查令，工作起來方便得多。

搜公寓

在街上接客的「阻街女郎」（妓女），常常受到警方掃蕩，及街坊唾罵，她們便找新的綽頭。一九六零年代，招待所及公寓林立，這些不是旅館式的小酒店，而是賣淫的「雞竇」。一所公寓大概有四至五間小房間，設備簡陋，只有一張床及一張小桌，「顧客」可租用數十分鐘。另外亦有很華麗的公寓及招待所，有些房間極大及裝修極奢侈，有些更命

名「水晶宮」「貴妃廳」「華清池」等，內有全鏡牆壁及天花板，亦有大浴池在房間中央，或裸女石像等等。初期的公寓，有「相簿」供顧客選擇「對象」，後來因為公寓、招待所太多，無法控制「對象」的來去行蹤，便取消「相簿」制度，介紹「真人」給顧客，方便得多。

搜公寓時，當房間有客，我們查問房內的男女是什麼關係時，他們一般都支吾以對，想砌詞捏造合理的答案，可謂尷尬萬分。他們有些說是夫婦，有些說是表兄妹、情侶等等。最有趣的是，這些「夫婦」「表兄妹」「情侶」們都不知對方的姓名。但由於欠缺實際證據，是很難告入罪的，所以搜公寓只是一種嚇阻性居多的「遏止」行動而已。

下流怪招層出不窮

上世紀五六十年代，香港有許多黃色架步（經營淫業的地方），它們很懂得「適者生存」的道理，善於不斷轉型，下流怪招層出不窮。比方有以標榜「女子擦鞋」的幌子招客，那是叫顧客坐在高椅上，讓一名穿了寬闊低胸上衣的姑娘為顧客擦鞋，只需付出一兩元，顧客便可俯首飽覽「擦鞋女」的胸脯。後來有「一元拍拖」，在公園環遊一週，可以大施祿山之爪；又有「一元試片」（所謂「試片」多是虛假名稱，因為那些「架步」陳設簡陋，根本是沒有電影

放映機的），用一元低廉價錢，便可以看到年紀不輕的女子當眾表演脫衣舞（僅限上半身）。再後來更有收費比較高的「女子理髮」加強版，這些架步是用理髮店作掩護，其實是暗中在店舖後座作色情勾當，好色者大概花上十元便可以獲得全身按摩的招呼。這種架步推出後，生意不錯，為了明瞭真相，有一警員竟自告奮勇去「登堂入室」，我警告他千萬不可「過界」，要依程序適可而止，我們自會及時照應及採取行動。是次掃黃的工作終於成功了，面對法庭時，被告亦表示認罪，可憐那「勇警」卻受到「頂上之災」。是緣那些光顧「女子理髮」的顧客並非真正去剪髮，他們一入「架步」便即付錢領教全身按摩的「功夫」。而這警員不知架步規矩，卻讓那女子「理髮師」於自己的頭上動土。此姝哪裏是師傅，她全不會剪髮，既然「老細」要此「特殊服務」，於是拿起剪刀亂剪一輪。良久，那「勇警」才提出按摩的要求，待我們大隊走入理髮店時，這名警員剛好得到了足夠證據。辦妥拘捕手續後，不照鏡還好，可他朝鏡子一望，差點把他嚇昏，為何頭髮參差不齊，有些地方根本沒有頭髮，露出頭皮。更好笑的是，真正的理髮師見此，亦無法挽救他這個「新髮型」，於是把他餘下的「煩惱絲」全部剃光，成為駐守我們警署的「尤伯連納」（Yul Brynner, 1915.7.7—1985.10.10，著名好萊塢演員，奧斯卡金像獎影帝，光頭成了他的獨特標記）。

「師爺」

在大「環頭」（警署）如油麻地警署、旺角警署、九龍城警署、灣仔警署、銅鑼灣警署等的報案室（捕房），或偵緝部（雜差房）內，每更都有一名「師爺」（文員）當值。他們做翻譯，「打告票」（填寫控告書）及其他文書工作，工作十分繁忙。這些文員大多數很有經驗，十分熟悉警察的工作。警員有不明白的地方，甚至法律上的疑問，他們都可以解答，所以被稱為「師爺」。「師爺」與警官、警員的關係很融洽，他們在各方面都盡量幫助解答問題。因為他們的作用大，「環頭」較大的偵緝部，一名「師爺」是不夠用的。「探頭」（「雜差」「咩喳」或警長）或「探目」（「雜差警目」）私下聘請「師爺」協助文書工作。原因是探頭及此職級以下的探員，英文程度有限，他們靠「私人秘書」來滿足他們的英語需求，大大地輔助他們的偵緝工作。這些「師爺」不支政府的薪水，卻為政府做了不少有效的工作。

油尖區的一位老經驗「師爺」，不知怎的跟一間舞廳過不去，認為該舞廳不給他面子。回到警署後，向同僚訴冤，於是一班同僚下班時，同到那舞廳，每人獨佔一枱，要求同一舞女「坐枱」，一個舞女同時招呼數十人，真是應接不暇。舞廳經理知道事情不妙，但卻無法扭轉局面。個多小時後，得知事端來源，唯有向該「師爺」設宴道歉，事情才告一段落。此事傳了出去，成為一則震驚「舞林」的傳聞！

關帝與測謊器

　　大凡香港警察總部及各「環頭」的偵緝部都供奉關聖帝君，關帝最講義氣，而義氣是各級雜差最講求的，故此，拜關帝是不可缺少的行內習俗。事有凑巧，三合會也好，三教九流及為非作歹的人也好，他們亦拜關帝，因為這種人都同樣着重義氣的。報案室人員有時盤問犯人，不得要領，便把他交給「雜差房」的偵緝人員問話。不一會，犯人便認罪了。有一次，我問一名雜差為何這麼順利（因為我看到那犯人並不是被毆打成招的）？那雜差告訴我，他讓犯人跪在關帝像前，叫他直說，結果他便招認了。就是這樣，這些人寧願認罪也不敢在關帝像前撒謊的。

　　作為科技發達的產物，測謊器的準確程度不能達到百分之百，豈非關帝比測謊器效果高得多？可惜現在有些偵緝部已沒有關帝像了。

　　我的父親侍奉關帝，而且用宗教儀式拜關帝為師。我很重義氣，現在我家裏大廳亦放有關帝像一座。

作者家中的關聖帝君像

女警

香港警察隊未設有女警前，所有應付女士（犯人與否）的工作，如搜身、陪同到洗手間，以及男性不方便做的工作等，都是借用警署的雜工「阿嬸」兼任。後來有了女警，工作就方便了許多。我在駐守油麻地警署時，女警的人數不多，她們的工作與男警無異。有一次拘捕吸毒犯，我見到一名女警控制疑犯時，比男警更「手硬」。

那時的軍裝女警是穿裙的，不知何時何人在警例上寫下這一條例：她們的絲襪後面的線縫一定要直落不偏，否則便是制服不整齊。所以檢閱時，常見男女督察都走到警員的後面，看看女警絲襪的線縫是否正直。據我所知，現代的女性絲襪已沒有線縫，檢閱時便不需要有這特別的觀察。不知目前有關警例是否已被修改？

水警隊伍中亦有女警，她們是從陸警調到水警部的，在裝束上，與陸上女警穿著的無異。

我在警察駕駛學校任職時，已有女警司機。她們主要駕駛「迷你」摩利士或柯士甸出更。高級駕駛班第九期有兩名女警受訓，她們都獲得優異成績。

女水警與陸上女警的制服無異

高級駕駛班第九屆畢業學員，其中有兩名女警，前排右二為作者。

兄弟險演對手戲

家弟在律政司署工作了數年後，便自立門户，從事刑事案辯護工作，尤其是重案，如謀殺案等，頗有成就。一天，我到法庭為一件刑事案提供口供，開庭前，發覺被告的辯護律師竟是我的弟弟。這事非同小可，如判案時，被告得直，我可能被懷疑放了我弟弟一馬；若被告有罪，則被告人可責怪我弟弟辯護不力。於是大家研究一下，我的口供是一定要給的，我不能因弟弟是辯方律師而撤銷控罪，但家弟可以向被告人提議另聘辯護律師，而事實上這亦是唯一的解決辦法。開庭時，家弟向法官提出將案件押後，以便被告另找律師，法官知情後便允許我弟弟的要求。

真想不到，全香港內有這麼多的被告，有這麼多的律師，我和弟弟卻會遇到這樣的情形。我們在家裏差不多天天都見面，想不到在法庭亦要碰頭。

聰明的送禮

無論在社會哪一階層，總會有人為了陞職，找好差事或分配較好的工作環境等等而不惜賄賂上司，或託「有力人士」疏通來達到目的。這在當年的警務處亦無例外。記得有一位警員剛被調到新「環頭」，希望被派到一個好「咇」

（beat，崗位），便向編更的警長送上厚禮，以達到願望。最普遍的禮物便是鈔票，因為現金是最實惠的禮物。但這警員有他獨特的想法，他希望「炒」（用不正當的方式獲得）到好「呔」，便買了一部很名貴的電視機，送到警長的宿舍去，並示意警長幫他忙。警長結果同意幫他，但一天一天的過去，這警員的要求仍未兌現，看樣子是落空了。也許得到這好「呔」的另一位警員比他更有辦法！

過了幾天，有人到警長家裏抬走電視機，這些人是電視機零售商方面派來的，他們對警長太太說，電視機是用分期付款方式購買的，因為購貨人停止付款，只好將電視機收回。

這警員付出投資，可謂算盡聰明，若他一次過送一份禮物給那警長而無收穫，豈不是白費一筆嗎？現在他只付了首期，雖然達不到目的，但亦不致於「賠了夫人又折兵」！

人心莫測

在社會裏，無論在什麼機構，什麼行業，總會有一些熱衷於套近乎的人，利用某種關係或人事來為自己取得利益。

我在油麻地區駐守了大約一年，一天，有一名駐守九龍城警署的偵緝督察（雜差幫辦），來到油麻地找我，並對我大獻殷勤，好像與我很相熟似的。我根本不認識他，事實

上他是「無事不登三寶殿」，是另有所求。原來，他的表叔在油麻地某街開了一間小型飯店，生意好的時候，不免擺放了些椅桌到路邊，以廣納更多食客，但飯店常常受到警員干涉。他遂請求我向本區警員打打招呼，不要給他的表叔太多麻煩。我雖然應允給他留意一下，但一天三更的巡警，加上調來調去的更份，我實在無法成全他。怎知一星期後，跟隨區警司的高級警長（「咩喳」）問我，那間飯店是否我「照」（收黑錢保護）的，我當然否認。那「咩喳」說，飯店老闆揚言他交了五百元予其親戚，着他「搞掂」（將事情解決）。飯店老闆並說那五百元是交給九龍城一雜差幫辦的。這時，我恍然大悟，原來那督察收了五百元答應為他表叔搞掂，卻利用我代他辦事。我為此感到十分憤怒，於是對「咩喳」說我要到反貪污部（當時仍未有廉政公署）去揭發此事。但「咩喳」勸我不要這樣做，既然真相已大白，他們會向九龍城警司報告的。他還說：「多一事不如少一事，就此算了罷。」

不用說，我從此每天都到該飯店控告他們阻街，老闆起初還說已向我「搞掂」。其實，飯店老闆又怎會明白，我控告他是希望他不服氣，一怒之下到反貪污部投訴此事。若他去投訴，而反貪污部採取行動，我便可以名正言順地對「咩喳」說不是我揭發此事的。

一九六七年暴動時，我身為警務處處長私人助理及副官，不時要陪同處長到九龍城警署巡視，在偵緝部交談時，

正巧那偵緝督察亦在場。處長對着一幅掛在牆上的九龍城街道圖，研究「暴徒」的分佈，當詢問這名督察時，他在地圖上竟然指不出九龍城警署的所在地。當時場面相當尷尬，處長不耐煩地叫了另一位督察擔任講解工作。

回到總部後，我想這是一個大好報復機會，我只需借用處長的名義，寫了一份備忘錄給九龍城警司，少不免這督察會被「燉冬菇」（從偵緝部下調到軍裝部）。但「公報私仇」是我從小家教中所不容許的。我母親常教導我做人的道理：第一要講義氣；第二是做事要公正，不可公報私仇。想深一層，這油麻地事件已隔了這麼久，對我亦無不良後果，就當是一次見識吧！

警察足球隊

熟悉一九六零年代香港足球運動的人，應記得香港警察足球隊在甲組聯賽中是一隊「黑馬」，戰績平平無奇，一旦遇到強敵，常常有出乎意料的表現，在甲組聯賽中經常「爆冷門」。像區志賢、摩士、龔華傑，以及憑「雙鬼拍門」衝鋒陷陣的窩利士及麥拉倫，都曾經是警察足球隊的一代猛將。

我中學在聖若瑟書院就讀，曾代表學校出席學生聯賽，亦曾與「檸檬頭」（龔華傑在香港足球壇的綽號）在校際比

作者（最後排右一）於聖若瑟書院的畢業照，站於首排左一者是上世紀
六七十年代著名足球員龔華傑，作者前排右一是後來成為騎師的霍錦琨。
（攝於一九五五年四月十五日）

賽中並肩作戰。後來我被選為港九學生聯隊正選球員，打右翼位置（見左列名單，「黃佐治」即作者）。中學畢業後，我亦代表屈臣氏球隊參與香港足球總會的丙組賽事，及後升上乙組參加比賽。

進入香港警察訓練學校後，我亦曾參加校內的足球比賽，校長見我技術不錯，畢業後即推薦我代表警察足球隊乙組隊出賽。我剛好趕到參加下半季的賽事，出賽共十數場，直至季末。我私下统計，我個人的入球紀錄比全隊球員的入球總數為多。到銀牌賽時，我被升為預備組球員。比賽時，我亦有入球，但球隊終在銀牌賽時被淘汰。自那次賽事後，我便退出足球圈子。

我退出足球隊的原因，是我剛被調到油麻地警署不久，便被選入警察足球隊。球員練球及比賽有固定時間，期間不需當值。每週有兩個半天的練球時間及一天賽事，不用回警署工作。署長認為我常常有這種「球假」，對他分派工作很不方便，但又不能阻止我為警察足球隊效力；他每次接到我練球及賽事的通知書便感到頭痛，常發怨言，有時甚至推說區長（警司）為此感到不悦。最後，我為了事業而犧牲足球前途，但我一點也不後悔，亦不埋怨署長和上司，因為我加入了警務處，「當差」的責任當然比踢足球更重要。若我一定要踢足球，我可以參加南華體育會，因我曾被挑選參加他們的足球訓練班。

假神仙

在油麻地區的廟街和新填地街一帶，每天晚上，行人及小販都把街道擠得水泄不通。在我當「中更」（下午四時至深夜十二時）的日子，每當晚飯的一段空閒時間裏，我都喜歡換上便裝「出遊」。在這段時間內，我可以用普通市民的心情，去觀察一般市民的生活狀態。油麻地區的小販所售賣的，有水果、家庭用品、衣料布疋、兒童玩具、文具等等，這裏亦有街邊牙醫，幫人脫雞眼的，以及賣跌打藥的神醫。有一晚，我看到一位算命先生，蹲在地上，面前擺着一張「看掌看相」的標語。我十分好奇，坐在他前面放着的一張矮櫈，讓他批算我的前途。

起初，這位算命先生胡扯了三四分鐘，完全「無料到」。我正要準備離去時，忽然間，他好像有靈感降臨，說我是一位有權有勢的人，倘若我是當軍界的，階級不下將軍，若是當警隊的，我亦是警官階級。我聽了愕然，他看掌時，並沒有仔細看清楚我的面孔，不會認識我。而且當我穿上制服時，戴上警帽，是不容易辨認出來的。他可以說得這樣準確，莫非他是諸葛亮的後代？

我返回警署後，仍然覺得難以相信。當我換上制服時，我恍然大悟，剛才我雖然沒有穿著制服，但我並沒有換鞋，我所穿的警官鞋與普通的黑皮鞋有很大的分別。虧他的觀察力強，我差點兒被這假神仙憑三寸不爛之舌說得飄飄然了！

「打小人」

　　還有六七個星期，我便要離開油麻地警署，被調入防暴隊受訓。有一天，我在新填地街「肋更」時（警員出更在自己的小分區內巡邏，叫「行咇」；督察「肋更」便是到各小區巡視每小區是否正常及看看該小區的警員有否開小差等。），忽然覺得背下左面一陣劇痛，跟着便一拐一拐的慢慢走回警署。回家敷藥後，痛楚減輕了一些，但每天仍然走得一拐一拐的。看過西醫，又看跌打醫生，均全無功效。後來到了瑪麗醫院照Ｘ光，專家説可以替我施手術，但又可以觀察一段時期看看會否不治而癒。專家又指，如做手術，需要臥床數月，並有可能癱瘓；如不做手術，到參與防暴隊操練時必定受傷患影響；若告病假，上司一定懷疑我為了逃避防暴隊的劇烈操練而裝病。許多人都不喜歡過受訓的苦日子，但我卻熱切期待這受訓的機會。在我一籌莫展之際，我的母親問我當日在油麻地受傷的地點，我告訴了她，問她為何要知，她説問一問而已。

　　跟着有奇事發生。我向防暴隊報到的翌日，上午做早操時，發覺背部的痛楚減輕了很多，於是小心跑跳動作。一星期後，痛楚完全消失，我順利地完成三個多月的受訓，並獲得優異成績。

　　事後我的母親知道我已痊癒，便問我有沒有聽過「打小人」這回事，母親説她吩咐家裏的僕人「綺婆」到新填地

街那地點燒香「打小人」，因為我可能衝撞了那處的鬼怪，「打小人」可將這纏着我的背痛驅走。因為我是天主教徒，她事前沒有告訴我。

我並不是鼓勵讀者迷信，況且前面已提到瑪麗醫院照X光的專家曾指出我也許會不治而癒，但因為事情發展得這樣巧合，所以寫下來作為有趣的回憶而已。

魚與熊掌

當初，我是從油麻地區調到防暴隊（亦即機動部隊，俗稱「藍帽子」）受訓的，受訓完畢後，我原本是要返回油麻地區的，但因為我在防暴隊時表現極佳，防暴隊的營長（高級警司）把我留下，作為他的行政官。當時，我只是見習督察（「一粒花」，因其階章呈花形兼只有一顆而得名）階級，而行政官是正階督察（「兩粒花」）的職位。營長不計較我的官階較低而把我留下，可見他對我抱有很大期望。後來，我在防暴隊裏兼任教官，官階仍是「一粒花」，從當差迄今還不夠三年便獲此職銜，殊非容易。

有一天，油尖區的警司（即上文「非常建議贏得青睞」一節提及那位賞識我的警司）來到防暴隊主持畢業典禮，事後在防暴隊長官餐廳用膳。他見到我便問我為何拋棄他，受訓後不回油尖區工作，我無言以對，他說：「我在油麻地有

一份很好的差事等着你回來做的，你真使我失望。」唉，魚
與熊掌不可兼得，何況兩邊賞識我的警司無論哪一位都比我
位高五六級，我哪有話可説呢？

「一粒花」行政官（作者在防暴隊工作時攝）

03

防暴隊訓練營

防暴隊的裝備與佈陣

隨着時代的進步，以及設備的現代化及訓練不斷提高，二十世紀六十年代的防暴隊已搖身一變成為今天的「藍帽子」（警察機動部隊的俗稱，因成員戴上深藍色貝雷帽而得名）、飛虎隊……一九五零年代的防暴隊成員，多由印巴籍人士組成。除鎗械外，防暴隊最突出的是用長木棒對付暴徒。這些木棒好像童子軍用的「童軍棍」。經過一九五六年九龍及荃灣大暴動（又稱「雙十暴動」），香港警察隊對反暴動機構的建設顯得重視起來。

一九六零年代，所有不及三年「差齡」的警官警員都要被調入防暴隊，接受為期三個月的訓練。而屬於督察級者則率先在警員入營前，較其多受兩星期的「領導」訓練。

防暴隊訓練營設在粉嶺，入口處是粉嶺火車站。訓練營的建築物是建於第二次世界大戰期間的「鐵罐式」房子。它們每間都像一個被刀橫切一半，加上門窗，倒臥在地上的罐頭（見頁111）。這訓練營在日佔時期，是日軍的軍營及羈留所及集中營（我任行政官時的宿舍，就是這種房子，一邊是睡房，中間是洗手間，而另外一面是尚未拆去鐵架的監獄）。聽說日佔時期這裏死人無數，所以流傳了許多鬼故事；膽子大的讀者，不妨留意我稍後將會談及的細節。

防暴隊的每一單位是「連」（company），每一連由一位警司或助理警司率領，副連長是一位高級督察，警司有高

在防暴隊訓練營畢業儀式上。左一為作者，右一、右二為軍裝總警長「咩喳」。

級警長「咩渣」隨從；每一連有三排（platoon），由兩位督察輪流指揮，有一位受訓警員為助手（orderly），每一排分四小隊（section），每小隊八人，最前一列的小隊用警棍及籐牌，是最輕微的武力，但與暴徒有貼身接觸；第二列是用短催淚鎗發射催淚彈，及用長催淚鎗改裝的警棒鎗，打出小警棒（「木彈」）。後者的殺傷力比較強大一些，它射出的小警棒是用相當重的木料製成，外形似一支「冇尾火箭」，長二十二公分，直徑三點五公分，重量大約二百克；有效射程是五十至一百公尺。持鎗者把鎗尖對着前面二十公尺外的地面發射，小警棒接觸地面後即朝暴徒的方向彈去。由於警棒後方有不同大小的鐵釘釘入木內，入木的位置又是不規則的，故小警棒便成為前輕後重，左右重量不平衡，一經發射便不能預測反彈的方向。眼看小警棒原先是射向一名暴徒，

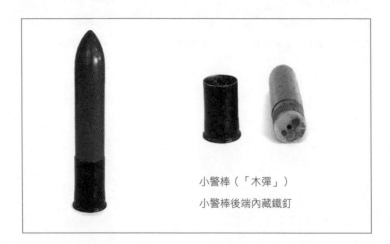

小警棒（「木彈」）
小警棒後端內藏鐵釘

卻突然會轉變方向，奔向或左或右約五至十公尺的另一暴徒；但過了一剎那，小警棒撞地後又轉向另一不同的暴徒。未到最後，沒有人可以預料身處哪裏的暴徒會被擊中。小警棒只跳離地面不到一公尺，被擊中者只傷及膝部，不會致命的。因為小警棒的不規則射程，暴徒無法預先走避，唯有在倉卒中後退。

第二列警員不需與暴徒「短兵相接」，而第三列則有四名警員手持「老虎鎗」（Greener Gun），該鎗械所用的每枚子彈內有十二顆鉛粒，每顆鉛粒有如「打波子」遊戲機的「波子」般大小，被打中者會即時感到劇烈痛楚；第三列另外四名警員用的是「卡賓鎗」（Carbine），這支有三千碼（二千七百四十三點二公尺）射程的長鎗，是可隨時致人於死地的，可以說是這一連武器中殺傷力最強的；第四列警員手持的是左輪手鎗及手銬，他們專責善後及拘捕暴徒。

當時的通訊工具是用單方式對話機，不像現在小孩也會用的對講機。一九六零年代的防暴隊裝備與現代的有很大差別。當年，我曾提議每連加插一名曾受過急救訓練的警員，不知現在的機動部隊有此一員否？

交遊廣闊

香港警察隊規模之龐大，成員之眾，進步之快是不可否

認的。我在香港警隊八年半中，曾駐守五個單位，其中有三個單位的職位容許我接觸到成千上百計的同僚。我是第一位警務處處長的私人助理及副官，又是第一位以見習督察身份任職防暴隊行政官及教官的，亦是第一位警察駕駛學校總考牌官。這三個單位都是「人來人往」，所以我接觸的人特別多，結交朋友亦無數，因工作上來往而認識我的就更多了。加上無論哪一階級的人，我都願意和他做朋友，所以我可以大言不慚地自認交遊廣闊。

在防暴隊守了一年半，每三個月便有一連結業，每連共一百零八人，加上十名警車司機，總數是一百一十八人。同一時期受訓的共有三連人員，所以我在訓練營時認識了不下千多人，其中包括警司、督察、警長、警目及警員。怪不得多年後，我在加拿大時，常常有人向我打招呼，說是在防暴隊訓練營的時候已經認識我。

「一粒花」行政官

在各個警區內（包括區總部、偵探部和政治部等），行政官的官階最少是「兩粒花」（正階督察）。「一粒花」（見習督察）由於是尚未成為正階督察的見習警官，所以職位和責任亦不會高。我在防暴隊訓練營時，成績很好，訓練營的營長薛富（A. E. Shave，高級警司）常叫我代他做些文

書及翻譯的工作。畢業那天，他着我在百多人面前將他的英文演辭，逐字逐句的譯作中文，而演辭內容竟有一部份是稱讚我的才幹和成績，使我十分尷尬。自己讚自己只有在夢中嘗試過，這次要在大庭廣眾

「一粒花」（見習督察）階章

説「黃幫辦表現極好」 或「黃幫辦是值得你們效法的」 等等詞句，實在令我感到十分尷尬。幸虧沒有人舉手問我哪位是黃幫辦，否則我更不好意思。散會後，我問薛富營長為何開這樣大的玩笑。他正經地回答説：「我説的一點都沒有錯，你敢不照原文翻譯嗎？」接着，他再説：「你訓練完畢，不用回油尖區了。我已跟總部説好，會把你留下，當行政官的職務。」 我還未成為正階督察便被委任這樣的職位，當然受寵若驚；但再想一想，這樣也好，反正有貴人扶持我，陞正階督察的機會應沒有問題。可惜我後來無暇回到油麻地警署與各人道別，實為一憾事也。

「九紋龍」

防暴隊訓練營內長駐一位傳奇性的人物，許多受訓者（尤其是警員階級）都不熟悉或留意他的真姓名（Leslie Guyett），但只要提到「九紋龍」，警界所有人都知道他是誰，大部份人都與他相交甚篤。

「九紋龍」的警階是總督察，上世紀五六十年代的警察階級與現在的有些不同。總督察是一個特設的官位，人數不多，大部份是第二次世界大戰後加入警隊的。他們原多數是英軍軍曹，在世界各英國殖民地當軍或後來改當警察的，是十分有經驗的軍警部人員。大概因為他們具有充足的行軍經驗，他們帶給戰後復元的香港警察隊很多紀律隊伍的基本常識，及實地戰略經驗。他們加入警隊後，無需經過受訓或考試，便被委任為總督察。也許他們的學歷水平不高，未能透過考試擢陞為警司，所以他們便留在總督察的官階。普通警官陞級程序如下：由督察起，上一級是高級督察，接着考警司陞級試成為助理警司，繼續晉陞為警司、高級警司及總警司等，總督察一職並不在正常陞級之列。現在的警制有些不同，由見習督察考陞督察、高級督察，再上便是總督察、警司、高級警司等。助理警司職位已不存在。

　　「九紋龍」在防暴隊訓練營的地位佔了第二把交椅，後來加了一位屬警司級的副營長，他便變成第三位。實際上，訓練營營長及副營長，每數年便會更換一位，而「九紋龍」卻長期駐守在那裏。論經驗及反暴動的訓練和常識，他是比任何人都更具資格的。他個子不高，身材健碩，體重超過三百磅，腰圍五十多吋，坐下來像一座佛。最令人印象深刻的是，他全身都見刺青，從背後的十字架起，全身及手腳無一處不是紋滿了的。他蓄了一副「蝦餃鬚」，面龐又紅又圓，相貌兇惡，人見人怕，初到受訓的人員都被他嚇個半

一九八八年回港與舊同僚相聚時攝。左二為「九紋龍」（Leslie Guyett），他身旁那位便是與作者在警校的同學（PI-14）程國灝先生（後來任警務處高級助理處長）。

死。我亦是一樣，第一天見到他便想像到未來三個半月準過着地獄般的生涯。後來與他相處了一段時間，發覺這位「九紋龍」心地善良，無論在哪一方面都很樂意助人，據說他還自費供養了幾名孤兒呢！

防暴隊有很多戰略都是由「九紋龍」與在任營長策劃的，經過幾次社會動盪，到一九六七年大暴動，香港警察的防暴隊訓練營已是世界知名，「九紋龍」對此可謂付出了不少功勞。

「九紋龍」為人滑稽，富有幽默感，有時把警員嚇壞了又逗他們笑。他常常說，他在英國有一座「佳日」堡壘（他姓Guyett），是他將來退休後的歸宿。但他每次回英國度假時，必寫信來投訴英國的天氣大風、大雨、大霧、大霜、大雪，教他大大的不舒服。退休後，他並沒有回到自己夢想中的堡壘，而是在香港度過晚年。

有一次，一位我不認識的助理警司入營受訓，不知怎的，他居然在操場上離我三十碼處，在眾目睽睽下，大聲喝問我為何見到他不行禮，我當時已由行政官轉職為教官，便大聲回答他：「警例規定，相隔這麼遠是不需見禮的。」他叫我到辦公室見他，我知他想向我施下馬威，希望我們督察級的教官不會在訓練期間令他太難受。我離開他辦公室時，「九紋龍」已得悉此事，派人叫我立即去見他。我見到他後，說我要向營長投訴，他耐心地說：「不要去投訴，警司和警司間有時是官官相護的，你聽我說，我有好戲給你看。」

果然，這助理警司所屬的一連，操練防暴的地點從街道轉移到粉嶺的農地去。在這些農地上走動困難，加上糞坑甚多，一不小心便會踏上去，弄得整腳都滿是蛆蟲。在這種情形下，操練成績一定不及其他隊伍了。每次訓練完畢後，亦少不免要受到批評。當這位助理警司在警官飯堂咆哮大作時，「九紋龍」便向我做出一個鬼臉，我亦報以會心的微笑。真可惜，一位警官犯了錯誤，竟令到其下屬陪他受罪！

暴動新娘

我在防動隊駐守大約一年後，距離陞為正階督察為時不遠，便決定與女友結婚。當時我的每月收入有一千多元，女友亦有固定的教師職業，於是便向「警務處處長」申請准許結婚。當時的警例是要得到「警務處處長」批准，這方面的「警務處處長」只是一個代用名稱，批准與否是人事科的職責，是形式上的問題。

獲得批准後，第一件事便要找新居。我的資歷太淺，所以不能申請督察宿舍。當營長薛富知道此事，便到人事科為我出面，說我是防暴訓練營中一個十分重要的成員。為了使我做事能專心一致，無後顧之憂，應破例提前批出一所宿舍給我。

事前，我並不知此事，還到處找房子。小小的五百平方呎面積亦要租金八百元，令我十分頭痛，一籌莫展。一天，

防暴隊高級警司薛富代臥病中的作者父親主持作者的婚禮

回到辦公處，營長對我説：「不用找房子了，下月便可搬入香港半山區俾利士徑宿舍去。」想不到我的運氣這麼好，宿舍有二千平方呎，月租一百二十元，還有傢俬供應。我開始感覺到這份職業對我的好處，當年離開會計生涯，實在是明智之舉！

我是於一九六六年四月二日結婚的，當時適值我的父親不適進了醫院。營長薛富有見及此便自告奮勇，為我主持婚禮，我的面子也不算小！婚前，「九紋龍」帶我到粉嶺一間傢俬廠，要我自選一套花梨木傢俬作為送給我的賀禮，但我認為價格太昂貴，只選了一面掛鏡，到現在仍懸掛在家裏。

婚後有數天假期，還未決定怎樣度蜜月，便有事情發生了。起初兩天都沒有空讀報紙，第三天打開報章，頭條新聞是「天星小輪加價，導致暴動」。看了這則消息，我立即撥電回防暴隊請示。「九紋龍」接聽電話時，竟大笑不已，令我摸不着頭腦，於是他解釋道：「佐治，若你不打電話回來，我不會找你，好讓你多過幾天蜜月生活。但現在既然你自己找上門來，你便不能推卸責任，回來工作罷。」他邊講邊笑，接着便掛上電話。

我唯有對太太説：「現在發生了暴動，我要回去工作，這一去便是多天，跟着防暴隊到處去，全無回家的機會。你單獨住在新居，不如回娘家去吧。」不知是哪個好事的人，聽到我太太新婚後幾天便回娘家，以為發生了什麼事端，此謠言傳出去，每天都有親戚朋友打電話來慰問，令我這位

「暴動新娘」為之語塞，一氣之下，竟獨自搬回新居。

葛柏與「九九二二」車牌

　　防暴訓練營營長薛富陞級了，他從高級警司職位晉陞為總警司，要調到警察總部述職，代替他當營長的不是他人，而是我駐守油麻地警署時，指揮我工作的警司，亦即是後來被判入獄的那位貪官──葛柏。他剛從英國度假回港，便被調到訓練營。我在油麻地時與他沒有什麼輕輆，他也不認得我。但他見到一位見習督察當行政官，卻感到出奇。記得他差我做的第一件事並不容易──他從英倫買了一輛簇新「堪霸」房車運到香港，叫我到牌照部替他領取一個有「九九二二」號碼的車牌，有英文字母在前頭也不打緊，但後面四個號碼一定要「九九二二」。牌照部與警務處無關，當時亦無發特別車牌號碼的措施，叫我怎樣為他完成這任務呢？我撥過多次電話給牌照部總管，又用盡種種合理與不合理的解釋，終於給他找到一個「九九二二」的車牌給他。多年後回顧這事，這車牌對他有好處嗎？有帶給他幸運嗎？開始時，可能為他帶來錢財，但他入獄時，這「九九二二」則救不了他。是迷信？是自大狂？特別牌照始終是一場空。

　　葛柏很喜歡這輛名車，但每天駕車時，他都聽到車內傳出一連串不尋常的聲音，非常討厭。這聲音好像是從錶板處

傳來，但又不能確定。「堪霸」代理商機路文公司的技師花了幾星期的時間都找不出答案。其他汽車修理公司、車房亦一樣，找不到這討厭聲音的來源，甚至把錶板拆開亦無補於事。這聲音令到葛柏每天上班時都大發牢騷，我們這班下屬真不好受。

我是愛玩汽車的，但我不敢自告奮勇去試試找出聲音的來源。他是高級警司，未必肯讓一個階級低微的見習督察駕駛他的「寶貝」。但見他天天不高興，間接影響我們的工作情緒，於是便大膽地向他提議，讓我試試。我是全無信心的，但相信如果我找不到原因，他亦不會怪責我。這時，由於他沒有更好的選擇，便讓我試試。

由於我當時是穿着全副警裝，駕車時正戴上警帽，當我駛了大約二百碼（約一百八十三公尺），這聲音便開始了。我沿着聲音的方向，彎身向前摸摸錶板及車檔的地方。在這一剎那，我的警帽碰到望後鏡，接着聲音便停止。原來望後鏡鬆了，因而發出輕輕的震盪聲音，並傳到錶板處。為什麼我可以找到答案呢？因為替他試車的人，連同他自己都沒有戴着帽子駕車，我是唯一戴着警帽試車的，所以被我無意中發現問題的來源。五分鐘後，我回到訓練營，葛柏見我在短短的時間內，竟能解決一件纏擾了他個多月的問題，於是對我另眼相看。從此，我的工作就變得輕鬆多了。

葛柏的「起死回生術」

熟悉葛柏此人的同僚都會知道，他發脾氣時，是非常粗野的。他的相貌本來就不算善良，一對粗粗向左右斜上的眼眉，加上他如雷的聲音，動怒起來確是很嚇人的。

在防暴隊內部，上級責罵下屬不只是常見的事，而且是被鼓勵去做的。防暴隊的紀律嚴厲，警員在報到的首天，便已被受訓督察們「洗」（罵）得乾乾淨淨。有錯沒錯都要站着讓督察們一對一的挑剔及責罵，如衣履不整齊、頭髮太長、剃鬚不貼等等，都成了訓練營的「洗禮」儀式，使離警校後在「環頭」輕鬆了幾年的警員，「回味」嚴格的紀律生活。

無可否認，受訓者對防暴訓練營的看法不同。大部份受訓者都不介意接受比這更嚴格的訓練，因為不只實地演習時得益不少，而且可藉此三個月時間來鍛鍊體魄。有少數受訓者則不同，他們不喜歡操練，不甚領略紀律的重要性。若讓他們選擇，他們是不會參加訓練的。但接受防暴訓練是必經之路，不能避免，想苟且偷安者，通常都會自討苦吃。

葛柏每當罵人時，都會通過教官或行政官翻釋，他甚至要翻譯員連他的語氣也表達出來。他大聲，翻譯員要比他更大聲；他兇，翻譯員要比他更兇。他從不用寫字樓的「師爺」，因為「師爺」沒有受過紀律訓練，不夠「惡」也。

有一次，一位受訓警員有兩天不來報到，又不打電話

● During today's breaks, the police near the Hilton were inspected by acting Police Commissioner E.C. Eates.

一九六七年暴動時，與警務處處長伊達善（右一）到中環希爾頓酒店（即今日長江集團中心現址）附近巡視現場。圖中右二為作者，右三為警司葛柏。

請假。於是派人到他家看，發現他一拐一拐的。據他父親說，他是受訓時弄傷了。他沒有去政府醫生處診治，所以得不到病假證明書（他是由跌打醫生治療的）。因為這警員沒有請假，葛柏很憤怒，命人叮囑這警員翌日九時去訓練營見他。翌日九時，葛柏回到辦公室（他每天喜歡在辦公室內更衣）。這天他還沒有換上制服，那名警員突然拿着柺杖，由他父親扶持下，直入到葛柏的辦公室內，並坐在沙發上。我在「『禮皇』葛柏」一節已提過葛柏是喜歡下屬對他行見禮，而這警員的第一大忌是不給葛柏行見禮便私自坐在沙發上，而他的父親卻像哄小孩似的站在一旁。

葛柏正在更衣，短褲仍未穿上，便被這警員氣得高聲大叫，我到達他辦公室時，他立即示意我做翻譯。他罵了這警員大概三分鐘，警員的父親開口說話也被他罵了一頓。只見葛柏愈罵越厲害，把我這翻譯員的嗓子也弄沙啞了，但他仍然繼續罵下去。到了不可收拾的局面時，他大步走向該警員，開盡喉嚨叫了一聲。我還沒有機會翻譯，這警員已被嚇得跳離沙發，柺杖也不拿，便走出了寫字樓，不知去向。他的父親也向葛柏望了一下，戰戰兢兢地走了出去。葛柏回頭向我大笑說：「這人是裝病的，我一看便知道。」這一招「起死回生術」的確有效，次天，這警員照常回營操練。

端午節妙計防小手

　　香港每年的節日很多，如春節、年宵、端午節、中秋節、重陽節、聖誕節和長洲的「搶包」等，大凡佳節到臨，有關的活動場面都是人山人海的，防暴隊亦常被派到各處地點維持秩序。端午節時，大埔的龍舟比賽是當地一項應節盛事，每年來趁熱鬧的不下數千人，甚至連邵氏公司的大明星也參與該區的比賽。因為人多擁擠，扒手便會趁機蠢蠢欲動。據估計，每年大埔扒龍舟比賽，「打荷包」（偷錢包）的案件不下數百宗。

　　有一年扒龍舟，防暴隊被派到大埔當值。事前，我們預測扒手們準會前來應節發大財。由於防暴隊當值時是全副武裝的，扒手們遠遠便看到那裏有警員，於是避重就輕，自會選擇沒有警員的範圍活動。這一天，「九紋龍」出了個好主意。他召集所有出更的防暴隊員（大概一百多人），叫他們全換上便裝，用警察大貨車載到扒龍舟的地區。到達後，全部人都要下車去自由活動，而且還特別優待他們，給予一天假期。警員下車後，有少數留下來看熱鬧，其他都到市區活動。扒手黨看到大批警員下車，以為他們便衣工作，無法提防，於是當日的「活動」便因此告吹。警員其實並不在場，只是警方「大」了扒手黨一招（虛張聲勢），正所謂「知己知彼，百戰百勝」。這年端午節期間，大埔所發生的扒手案件只錄得幾宗，不及往年的百分之二至百分之三。

太平清醮「搶包」活動是長洲每年一度的傳統盛
會,防暴隊經常被派往維持秩序。圖為臨時搭建
於北帝廟旁的擺滿小包塔的祭棚。

「搶包」活動是長洲太平清醮的儀式之一（陳橋攝）

鬼故事之「殉職警員派請帖」

前面曾提及，防暴隊訓練營營址是第二次世界大戰時的日本軍營、集中營、監獄及其他軍事活動進行的地點。因為日軍的手段殘酷，許多人在該處死於日軍手下，傳說自此寃魂不息。

當我在防暴隊訓練營受訓時，已聽到不少鬼故事。我值日時住的房子，雖然設備上與一般監獄所見者無異，但並不覺得有什麼鬼魂存在。有說「時運低」才會受鬼魂騷擾的，我倒一直沒有見到任何不正常的現象。若真有鬼魂在我房子出現，我怎樣向上司解釋呢？他們肯讓我搬到另一房舍嗎？

但我亦不能肯定訓練營內沒有鬼魂，因為我也曾有一個不能解釋的遭遇：一天晚上，我和幾位同僚坐在餐房內飲咖啡。我面向小窗，直望可見屋後的小巷。這小巷很少人用，因為無燈照亮，一片漆黑。忽然，我看到一警員裝束的人在窗前經過。最令我驚奇的是，他穿的制服用黑皮帶斜過肩頭，這樣的裝束是在訓練營外的警員穿的。在訓練營內的警員只用帆布腰帶，不用這「橫直帶」的。因為我是教官，對檢閱儀式十分熟悉，一見制服有錯誤，便會立即觀察到，所以覺得這事有些不尋常。於是我立即走到屋後，但沒有見到任何可疑的人或東西。第二天，當值警目告訴我，有人在餐房屋後「燒衣」（拜祭死魂靈），證實亦有其他人看到這件怪事。

作者與太太攝於粉嶺防暴隊訓練營，背後建築物正是盛傳鬼故事的第七號鐵屋。

訓練營每角落都常常有人「燒衣」，但很少人願意將事實的真相和盤托出。有一名受訓督察說他的宿舍常有怪事發生，每當他躺在床上休息時，他的一雙鞋會被移到近門的地方。有時亦感覺到有小孩坐在他胸前跳上跳落。我告訴他，鞋子被挪移一定是同僚所做的惡作劇，而小孩跳來跳去的感覺，應該只是發夢而已。見他十分害怕的樣子，我除了安慰他外，自己也不知道該怎樣去幫忙。

　　有一次聽到一個警目說，有次深夜，一間鐵屋內的全體警員好像受驚似的，忽然一同高喊尖叫，聞者教人毛骨悚然。宿舍有八張「碌架床」（分上下兩層的簡便鐵床），一共住上十六人，同一時間大叫，可算是一件不可思議的事。不用說，次天又有人「燒衣」了。其實，根據科學解釋，在某種情形下，如有一人受驚（或發惡夢）大叫，其他的人可能會跟着受驚大叫的。

　　還有一次，是我駐守防暴隊訓練營之前發生的。這件事發生在第七號鐵屋。這屋是建在山坡上，位置比其他房舍較高，是一幢特大的「鐵罐形」建築物。其他房子可容十六人居住，而七號屋可容納三十二人。一位在訓練營駐守時間很久的警目告訴我，有一天七號屋全排出動演習，只有一警員因病躺在床上。這警員於矇矓間，竟見到一位不久前在鎗擊事件中殉職的警員在七號屋內派請帖，他將柬帖放在每張床上，嚇得自己馬上從另外一扇門溜出去。這件鬼故事不是我親歷的，但因為傳言甚廣，所以我記錄下來，不知當年在防

暴隊訓練營生活過的警官警員有否這個回憶。

　　有人說，訓練營練靶場所在位置是戰時的亂葬崗，亦有當地人說這周圍是他們的祖墳所在。不論怎樣，我常常獨自到靶場練習射擊，也沒有遇到什麼怪事。鬼故事就是鬼故事，信不信由你！

金牌神鎗手李鉅能

　　我在防暴隊訓練營工作時的生活也算寫意，星期一至星期五上午八時至下午四時，以及星期六上午八時至下午一時辦公，星期天及公眾假期休息。這讓我與女友可以過着正常而有規律的生活。我喜愛賽車活動，亦是香港賽車會成員，每星期天都會帶女友到石崗機場或港九各處水塘路賽車。這時，我已擁有一輛特快的蓮花牌跑車，亦曾經於一九六五年參加澳門格蘭披治大賽。

　　在防暴隊工作時，大概兩三星期值日一次，值日時不可以離開訓練營，但朋友可來探訪我。他們對訓練營的設備覺得很有新鮮感，到粉嶺的感覺有若到了郊外旅行般。

　　無論我在哪裏駐守，我和當地的各級人員都很合得來。訓練營的廚子是山東人，以前在一艘德國郵輪上工作。他煮的餃子很好吃，但他的脾氣很特別，他喜歡時，請你吃多少都可以，但心情不好時，無人可以勉強他。有些見習督

作者參加澳門格蘭披治大賽時的英姿

作者的老爺車及蓮花牌跑車泊於防暴隊訓練營操場旁邊

察入廚房發囉唆，常常被他拿着菜刀趕出來。一天，他叫我帶女友來嚐他烹煮的餃子，第一盤有三十隻，我們全吃了。接着，又捧第二盤三十隻出來，我們對他說吃夠了，他好像聽不到，再捧第三盤出來。有經驗的人都知道，與山東人講廣州話一如雞同鴨講，完全溝通不到。我們面對剩下的幾十隻餃子不知如何是好，不吃又怕他不高興，但實在太飽吃不下。於是趁他入廚房時，把餘下的餃子倒入女友的旅行袋內。他見餃子吃完，便再拿第四盤出來，剛好「九紋龍」來到，第四盤便全給他吃了。原來山東人吃餃子是以重量計算的，例如兩斤或三斤，或許他聽到我女友用廣州話說可以吃五六隻時，誤以為她是要吃五六斤吧。

　　我的一位摯友李鉅能和他的太太都很喜歡射擊。每當值日，我便請他們來靶場練習。不知是否受到我的影響，或是他們自己的興趣（多數是後者），李鉅能於多年後代表了香港出席「英聯邦運動會」，並奪得金牌，這可是香港百多年歷史上的第一面在大型運動會上奪得的金牌。後來，他亦代表香港參加奧運會射擊比賽，更為香港代表隊進入世運場地時擔任旗手。說起來，難道防暴隊訓練營的靶場是他在射擊運動上得到傑出成就的發祥地嗎？

防暴隊訓練營靶場。圖中後面那位男士便是在英聯邦運動會為香港奪得有史以來的首面大型運動會金牌的李鉅能先生。

他鄉遇教材

一九七一年，我離開皇家香港警察隊，受聘於皇家加拿大騎警，駐守多倫多。大概是一九七三年左右，每月我都會到加國京都渥太華的騎警總部講學一次。一天，經過備課室時，見到一些十分眼熟的教材，細看下，把我嚇了一跳，這些教材原是香港警察防暴隊於一九六六年採用過的。當時影印機並不流行，所有一連一排的陣容都是我用手繪畫的。我不便問他們這些教材是從哪裏得來，估計是到香港的訪客帶回來給此間的騎警作參考，我後來更獲悉加拿大騎警警校也採用此作教材。

一九六七年暴動後，香港防暴隊馳名世界，很多外地的警察都來到粉嶺訓練營參觀和學習。故此，騎警得到由我繪畫的教材是不足為奇的。我沒有向騎警提及這事，因為他們聘請我，主要是為了協助他們調查其他案件。

我看着自己繪畫的一個一個警察的輪廓，像活生生的被搬到加拿大去，好像他們出洋來探望我，頓使我減輕了許多思鄉的情緒，但同時又加重我懷念皇家香港警察隊的生活和思念同僚之情。

NOTES ON DRIVING

(Compiled by George WONG Ki-yan, I.P.)
1969

作者編寫的安全駕駛手冊——*Notes on Driving*

貴賓咭

　　防暴隊訓練營常常有外地嘉賓前來參觀訪問，教官們都會盡情招待他們，讓他們參觀香港防暴隊的裝備和暴動操，以及帶他們去觀察實地演習等等活動。這些嘉賓們參觀完畢，都覺得大開眼界，對香港防暴隊大加讚賞。他們多來自東南亞或非洲國家，離開後，往往留下親筆簽名的名片，邀請我們到他們的國家觀光；入境時，只需拿出名片給移民官看，便一定得到特別的招待。但不要忘記，這些國家常常醞釀政變，若這位嘉賓當日仍然在朝，受到熱情招待是無需懷疑的；若他已被迫下野，入境時用了他的名片則可能帶來天大的麻煩。所以我們都不會保留這些「貴賓咭」，以免因小失大。

04

嶄露頭角

史無前例的新職位

不知不覺，我在防暴隊工作已有一年多的時間，看樣子不足三年都不會被調到新的「環頭」。有一天（當時我正在放年假），警務處人事科高級警司忽然致電家中找我，說有要事，要我立即往軍器廠街警察總部五樓報到。天啊！總部五樓是高層警官的辦公室呀。我聽後，嚇了一跳，於是唯有戰戰兢兢地問他有何要事？他回答說，是警務處處長戴磊華（E. Tyrer）要見我。聽後，我反問他是否人事科主任，還是同僚跟我開玩笑，因為我正在度假，有要事亦可等我放完假後才處理。那位主任於是進一步明確地說：「你立即來找我，因為警務處處長要見你。」我問他可否告訴我是什麼原故？他不耐煩地說：「不要怕，若我們要開除你，亦不需動用警務處處長。」我答他說我要從香港回到粉嶺換上制服，大概需要兩小時。主任說：「不能等這麼久，穿便服來吧。」讀者們可想像到當時我的心情是何等忐忑不安，不知發生何事，只知有一件大事在等着我。警務處處長是萬多警務人員之首，而我只是一位尚未成為正階督察的「見習督察」。

到達總部五樓，人事科主任即帶我去見處長。經過簡單的介紹，那位主任便離去，只剩下處長和我二人在辦公室內。戴磊華處長事先已知道我是見習督察，他第一句便問我有沒有考晉陞正階督察的筆試，我回答他說筆試已全

部合格了，只有步操及鎗械科尚在排期中。他說：「你在防暴訓練營任教官，不合格才怪。」 接着又問我：「你願意為我工作嗎？」 我不大了解他的問題，因為我根本是在警察部工作的。他隨即說：「是做我的私人助理，等於軍隊內的副官。」 這樣問我願不願意，真使我啼笑皆非。如我答不願意，豈不是「博炒」（明擺着要人開除）？我於是回答道：「願意。」他繼續問：「你是否香港賽馬會會員？」 我答道：「不是。」他又問：「你會打高爾夫球嗎？」 這又是一個「不必要」的問題，一九六零年代華人打高爾夫球的不多，何況我這個才二十多歲的青年，在社會上無地位，無金錢，哪有資格玩這種「高級」玩意呢？我答他說：「不會。」他於是說：「很好，我幾天後回英倫度假，回來後我將推薦你成為賽馬會會員（他養了幾匹馬）。在我度假期間，你要買一本學習打高爾夫球的書來看，我回來後便教你打球，及介紹你加入高爾夫球會。還有，我辦公室左邊的房間，便是你的辦公室，右邊是我私人秘書的辦公室。我回來前，你盡量去了解警察總部的組織和結構，還要拜訪所有高級警官及處長級的官員，向他們自我介紹，讓他們都知道你將會是我的私人助理及副官。我回來後便在警察通告上正式公佈。」 兩天後，他便回英國度假去了。這次，我又再一次倉促地被調職，同樣沒有機會向訓練營的同僚作正式的告別。

哎，為何奇事偏與我有緣！這樣的發展真是完全不合邏

輯的，為什麼不找一位正階督察而用一個尚未脫離「見習」級的督察呢？這一新職位，既史無前例，亦無人可指導，不知是禍是福。我到新寫字樓一星期後，心情才慢慢地平靜下來。若這是「奇事」，那麼我是「奇人」則當之無愧（後來才知道是某警司大力向處長推薦我的）。這份差事的「權力」是可大可小的，後來甚至可讓我在文書上代處長簽名，而有些文件是他竟然沒有過目。我是獨一無二的以「見習督察」身份擔任警務處處長的私人助理及副官，因為以後接我職位的助理，官階都不在高級督察以下。

見一步，走一步

在警隊內還未設立警務處處長私人助理及副官這個職位之前，每當警務處處長出巡時，是從來沒有人「跟班」的。當他獨自乘坐由司機駕駛的「一號車」到了某警區時，便會由該區的警司陪同出巡。他的時間表是由他的秘書準備的。由於警務處處長的秘書並無警務經驗，所以每次活動的程序都要各區替警務處處長安排；也由於區內警司並不熟悉處長的需求，所以不免有些尷尬的小場面。還有，當處長出席宴會時，要辨認所有蒞臨的高官及名流的身份、姓名，倒並不輕易。有了私人助理後，很多日常瑣事便能作出妥善的安排。例如到警區巡視時，我會提早把處長的時間表及他關

注的問題（如報章所提及該區最近的新措施等），送到該警區。這樣，各方面的活動都能順利完成，使每次的訪問都在融洽的氣氛下結束。至於辨認名流，我為此設立了一個龐大的「圖」書櫃，把所有從報章或雜誌，或其他方面得來的照片，或地區的圖片收集起來。每當有宴會時，事前讓處長看圖認人，及簡略地介紹每位人物的背景及特徵，使處長在社交方面能夠應付自如。因為這職位是新設的，很多工作都要從頭做起。這方面，我是無師自通的。故此，「見一步，走一步」（即現在香港人的所謂「執生」）和「盡量發揮自己的觀察力和記憶力」，便成為我的座右銘。

好像在一堆雞蛋上行走

我在防暴隊訓練營任教官及行政官時，受訓的警官警員很多，因此認識了不少警務人員，可算是交遊廣闊。來到總部，因為職位關係，我要經常與各階層的官員打交道，加上我的職位特殊，自會吸引很多人注意，所以無論在總部或其他警區，都會結識很多新朋友。最突出的一次是經某總督察的安排，兩位總華探長呂樂及藍剛一同請我到尖沙咀美麗華酒店的「金田中」吃日本餐。三人坐在一間如網球場大小的私家房內，環境十分幽靜，目的是讓大家認識認識，以後工作方便。當時，我與各級的官員都有見面，大家打好感情，

亦讓他們認識我。我不會因我是處長副官而擺架子。這職位
讓我結識很多人,帶着妒忌心情與我打交道的也有,因為我
的階級而看低我的亦有。正如一位警務處助理處長很坦誠地
對我說:「佐治,你的前程可能無可限量。但我不羨慕你,
因為你的工作好像在一堆雞蛋上行走,踏破一個便開罪一個
人,你好自為之,亦祝你一路上好運!」 他說的一點也沒
錯,我的將來是喜是悲,不得而知;即使是六年後,我選擇
了接受皇家加拿大騎警聘請赴加工作,前景是否就一定會比
留在香港好?抑或假如當初留在皇家香港警察隊,又是否會
更上一層樓?這些假設對我來說,答案永遠是個謎!

戴磊華處長

我是由戴磊華處長選我做他的私人助理。但我跟他的
時間不長,我們的關係很快便結束。他度假期間,香港發生
了一九六七年大暴動。反英帝國主義及反港英政府的標語於
街頭觸目皆是,暴動事件及炸彈威脅持續了八個多月。為了
平息暴動,香港警察首當其衝。「紅燒白皮豬!生劏黃皮
狗!」成了當時滋事者的口號。「白皮豬」是指英籍軍警及
官員,而「黃皮狗」就是指黃皮膚的華籍警察了。

這場暴動於一九六七年五月開始,戴磊華處長從英國回
香港執行任務。過了個多月,他回英倫匯報暴動情形時,因

防暴隊施放催淚彈前，會向群眾發出警告。（陳橋攝）

戴磊華處長（左二）在北角英皇道騷亂現場正與防暴訓練營C連防暴隊指揮官
約翰特納（J.Turner，左一）及銅鑼灣區警司夏理士（J. Harris，左三）談話。
右一為香港區副總指揮約翰保域(J.Browett)高級警司，作者站在後面，背景
是防暴隊載運警員的大車。（攝於一九六七年七月）

COLLAPSES AS POLICE BURIED

● YOUNG girl relatives collapsed, others wept and even men shed a tear as two policemen killed on duty were buried at the Catholic Cemetery, Happy Valley, today. The Commissioner of Police, Mr Tyrer, and the Governor's aide de camp, Mr R.C. Smallshaw, were among the official mourners. The two dead constables, Edward Lam Po-wah and Kong Shing-kay, were buried next to each other. Constable Lam was killed in Western District and Constable Kong at Sahtaukok. At left, police inspector helps the aged mother of Constable Lam to the service.

一九六七年七月，與戴磊華處長安撫於暴動殉職的警員的家屬。圖為作者（右）手扶殉職者的母親。

身體欠佳，提前退休。處長一職由警務處高級助理處長伊達善（E. C. Eates）代任。戴磊華處長退休後，我的前途突然變得空白一片了，入賽馬會和打高爾夫球皆無着落，這未成事的私人助理及副官的職位亦不知何時落實。

戴磊華處長在任時，我為他做了幾件事：暴動期間，我陪同他到各區慰問及撫恤因公殉職的警員的家屬，以及到墳場向殉職的警員致祭。

一天，戴磊華處長囑我到各警區，與該區的高級警長個別會面，探探警員的士氣，並着警長們調查一下。並表示政府欲獎勵他們，看看他們會選擇哪一種獎勵形式：放在胸前的獎章，表彰在暴動時的表現；還是每人頒發港幣一百元，以鼓勵他們的士氣。在我看來，得到一枚獎章是一項榮譽，可以永久表揚警員的彪炳工作。但我得到的答案剛好相反，他們一致選擇要一百元的獎金。也許當時人心惶惶，若中國政府提早收回香港，則擔心什麼都失去，拿一枚獎章的確是沒有用處的。由此亦可見，警察們的收入少，他們寧可選擇一百元的報酬。戴磊華處長聽後亦覺可惜。

雖然沒有頒發獎章，香港警察仍被英女皇嘉獎，獲頒「皇家」榮銜，一九六九年四月二十四日，香港警察搖身一變，成為「皇家香港警察」。雅麗珊郡主出任皇家香港警察隊和皇家香港輔助警察隊的榮譽總監。

尷尬的職務

戴磊華處長是一位主觀極強的人，很多警官都不與他計較，況且他是「一哥」，凡事都得遷就他。警務處副處長韋磊夫（G. A. R. Wright-Nooth，綽號「雷老虎」），亦是一位「理不直亦氣壯」的人，所以亦很少人與他爭執。因為上述二人的脾氣都很倔

綽號「雷老虎」的韋磊夫

強，我便曾被捲入一個甚為尷尬的漩渦裏。一天，戴磊華處長氣沖沖地走進我的辦公室，叫我去把韋磊夫副處長叫來，着他把警務處處長辦公室的門輕輕關上。我不明所以，便帶笑地問他為何要作此舉。他大聲的説：「這人沒有規矩，出入大力關門。你立即到他辦公室，對他説，戴先生叫他來，重新將戴先生的房門輕輕關上！」

叫一個見習督察去找警務處副處長來關門，真是啼笑皆非。但我又不能不做，只好到韋先生的辦公室，輕輕地敲門進去，立正見禮後，他問我有何事找他。我説戴先生要他回去把房門輕輕關上。他感驚訝的程度，比我方才在處長面前所表現的更厲害，他問道：「你説什麼？」我把剛才的話再説一遍，他很不耐煩的用手勢打發我出去。這時我忍無可忍，便理直氣壯地説道：「韋先生，剛才你從戴磊華處長

辦公室出來，大力關門。他說你沒有規矩，叫你回去輕輕再關。」韋先生頭也不抬地回去關門，但他已經在我面前十分丟臉。

大概三年後，我應考高級督察的升級試。面試時，由韋磊夫主考。他問我的問題根本與警務無關，並示意其他考官，認為我只有六年經驗，不夠資格。我承認自己的「差齡」是少了一些，但想到那「關門事件」，這次被他回敬，關了我一次升級機會的「門」。回憶那警務處助理處長的話，指我踏破了一隻雞蛋，便得罪一個人，果然一點不錯。

戴磊華處長退休後，繼任的不是資格較老的韋磊夫副處長，而是高級助理處長伊達善。我並不慶幸韋磊夫先生沒有陞為處長，我慶幸的是我做了伊達善處長的私人助理及副官。他很看得起我，他和夫人與我一家就像親人一樣。後來我移民加拿大後，曾經全家到英國探訪他們，此行他還為我們付了下榻酒店的費用。

嫦娥也不得安寧

還記得前面提過我的僕人「綺婆」替我打小人，驅除背痛嗎？這「綺婆」是「湊」大我們兄弟姊妹的。當我十多歲時，我加入香港童子軍。有一年，世界童子軍發起人的夫人逝世，我們穿童子軍制服要纏上黑袖紗，以示哀悼。回家

時仍纏着黑袖紗，被「綺婆」罵了一頓，說家無喪事，為何要做這樣不吉祥的事，她邊叫：「大吉利是。」 邊要我把黑袖紗除下。

事隔多年，一九六七年暴動時，我陪同戴磊華處長到墳場弔喪，亦是穿着制服，纏上黑袖紗。回家見到「綺婆」，又被她大罵一頓。她的記憶力不錯，還問我為何喜歡為他人帶孝。她邊唸着：「大吉利是。」 邊要我除下黑袖紗。我姑念她曾成功為我 「除病」，否則我亦要訓她幾句，叫她不要這麼迷信。但這老僕人心地善良，可惜沒有受過多少教育，一九六九年人類登陸月球，叫她看電視，她不看，說是我們放公仔紙在電視機內來騙她。她又說，若是真的，嫦娥也不得安寧了，她還怎能拜月光呢？

伊達善──新任的警務處處長

戴磊華退休後，伊達善被委任為警務處處長（任期由一九六七年至一九六九年）。那時，香港暴動正處於急風驟雨的時期，伊達善處長並不知道他隔鄰的房間坐着一位私人助理。我亦沒有打擾他，只好天天坐在辦公椅上，百無聊賴，又不能去找其他高級警官分配工作給我。因為我實在不知應該找誰，加上我是直屬警務處處長的人，有誰敢私自用我？就是這樣，無聊的過了一個星期。有一天，處長忽然在

作者（右一）與家人到英國探望已退休的前香港警務處處長伊達善及其夫人

他的工作室內把通往我辦公室的門打開，他探頭一望，見我獨坐一處，便問我是誰？我說我是戴磊華仍當處長時新上任的私人助理，他反問我是助理還是副官？我說我也不知道，因為新職位的公文尚未刊出，可戴磊華處長已離任了。伊達善處長又問我的職責是什麼？我說是聽憑戴磊華處長的吩咐。他沉思了大概半分鐘（對我來說，這是很長的時間）後說道：「讓我想想看。」於是便關上門，回到他的辦公室。接着的個多星期，他再沒有過來看我，我又默坐了十多天。

一天早上，那道門再次打開了，伊達善處長拿着一枚手錶對我說：「這是一枚很名貴的手錶，在畢打街的珠寶店買的，錶帶是鋼造，但常常鬆脫，我已經拿回給他們三次，仍未能修理妥當。你再去一次，叫他們徹底把錶帶修妥。如果仍然鬆脫，很容易無意中把錶失掉。」他走後，我細看錶帶，認為只要把鋼扣鉗緊一些便可。於是跑到樓下，找着「車頭」（管理警車司機〔車長〕的警目），向他借了一把鐵鉗，把鋼扣收緊，錶帶亦不鬆了。不消十五分鐘，我便把手錶交還給處長。他問我為何這樣快？有沒有拿去珠寶店修理？我回答說：「問題很簡單，我自己動手便可以了。」過了三天，處長很高興地對我說：「你修理的錶帶沒有鬆脫，謝謝你。」想不到這一次修理錶帶，竟把我們之間的那道門徹底打開了。第二天，他便開始正式給我安排很多工作，但他對我說：「我不知該讓你當我的私人助理還是副官，不如你兼兩職吧。」

私人助理及副官的職責

「私人助理」與「副官」是有分別的，私人助理的工作多在文職方面，而「副官」的責任則是在武職方面。對着警務處處長，一身兼兩職亦是很合理的事，因為兩方面都是互相關連的。

在文職方面，工作是很繁雜的；在總部時，若有客人來訪，都是我引見的。若是來頭大的客人，我便到樓下大門迎接他。其他的客人，我待他們上了五樓，才帶他們到處長辦公室。上文提到請我到金田中吃日本餐的兩位總華探長，二人於一九六八年同時提前退休，是我帶他們見伊達善處長的，所以我事前已知曉這件事。

得悉處長的活動內容後，我便需要安排他的行程，到達的時間是要很準確的。幸好我在香港賽車會常常參加汽車越野賽（有些階段是要準時到達，否則會遭扣分），時間準確是十分重要，尤其在大場面時，在外交禮節上，港督是最後及最準時到達的，三軍司令要較港督早一分鐘到，輔政司（相當於今日政務司司長一職）再早一分鐘，警務處處長是最早到的。如果處長遲到，令到其他官長不能準時入場，必被彈劾。但如讓處長早幾分鐘前到達亦不理想，他不能太早進場。若將「一號車」（警務處處長的座駕）過早地在街外環繞行駛，會有機會被交通阻塞，由早到變為遲到。若停車在街上等候，街道上行人眾多，他們看見「一號車」，一定

十分好奇，探頭看個究竟，可以引起尷尬或危險的場面。

出外訪問或檢閱儀式時，我會將每一項活動都寫在小卡片上，以便有需要時，讓處長參考。我不用替他寫演講辭，但要帶備一份講辭在適當時間交給他。若有口諭告知各區，我亦會用通告方式寫下，代他簽名發出的。有些特別情形，如要乘坐水警輪到離島，我亦用他的名義代他簽發備忘錄。可幸我簽的文件全無錯誤，不然我這個

「一號車」（「堪霸」房車）——一九六零年代香港警務處處長的座駕。

助理與副官也做不長。一九六七年暴動時，每星期二及星期五，我會陪同處長到港督府，與其他部門的首長開會。每次我都事先從各區收集真假炸彈的統計數字，並寫成報告給他開會時用。

在武職方面，暴動期間，我常常與處長出外視察及訪問，如到新界沙頭角禁區，巡視香港警察曾與內地民兵鎗戰的現場和邊境情形，以及坐直升機在港督府及花園道上空盤旋觀察那些到督轅請願的市民的舉動，到醫院慰問受傷的警官、警員，到各「環頭」鼓勵士氣，或者是參觀或主持各種檢閱活動，如交通安全隊的慶祝典禮等，都屬於武職方面的職責。

每年香港政府為了慶祝女皇壽辰及元旦，都會在督轅主

作者（左一）陪同警務處處長伊達善在檢閱交通安全隊

辦園遊會。我會以副官身份，陪同處長出席這些活動。這些園遊活動會帶給我很多麻煩，因為紳士名流眾多，一時不能盡記他們的相貌及名稱。所以在這些幾百人的集會時，我常常藉詞與各方人士打交道，混集在其他賓客中，實在是為了避開不能替處長認人的苦處。在一次督轅舉辦的園遊會中，我的父母親亦在嘉賓群中，於是便對處長說：「我帶你去見兩位對我很親密的人。」 我介紹他給我父母認識，我的父母常聽我說及「老闆」，處長亦有聽過我提及自己的父母親，怪不得他們一見如故了。

一九六七年暴動時，我在「一號車」內放置了好幾件武器，可謂設備齊全：有輕型機關鎗、 噴霧器、長短鎗等等，因為我同時也是警務處處長的保鑣。

除了「文」「武」工作外，我亦為警務處處長做些家裏的工作。當處長的小姨（太太的妹妹）來到香港探望他們時，剛好大埔船灣淡水湖開放供水。處長在半山區住宅的食水，是由淡水湖供應的，因為新開放，食水仍多少混有鹽份，喝起來有些鹹味。處長的小姨剛從英國來到，水土不服，加上飲用這怪味的食水，便病倒了。我帶她去看我的家庭醫生，經過診症後，不用一天便康復起來。「一號車」司機每天從北角警員宿舍搬運沒有鹹味的食水給她用，使她感激不已。在香港期間，她常跟着我和太太到處遊覽及購物。多年後，我們到英國去探望她，她讓我們在她家裏住了幾天，又把車子借給我們用，自己卻騎了一輛「綿羊仔」（小

型電單車）上班。

「一號車」是一輛可自動轉檔的「堪霸」房車,當時的自動轉檔車不甚普遍,而且多是美國車。伊達善處長告訴我,他的司機好像不甚熟悉自動轉檔的駕駛方法,上斜坡時總是快慢不協調的。因為上一任處長住在壽山村道,那裏沒有很多斜坡,所以問題沒有這麼顯著;伊達善處長住在半山區,所經馬路都是斜坡,便覺得不甚正常了。我本沒有駕駛自動轉檔車的經驗,但伊達善處長知我對汽車很有興趣,叫我看看究竟問題在哪裏。這「堪霸」車有三個「前波」(前檔),開車時用一波,跟着自動轉上二波及三波,正常行駛時是用三波。但是到了斜坡時,三波不夠勁,便自動轉到二波,到了夠勁時,又轉回三波。但是斜坡仍在,所以車子就徘徊於二三波之間。一九六零年代的車檔系統不像現在的發達,自動轉檔常常有不太順暢的感覺。加上在斜坡上反覆地轉上轉下,乘客確是不好受的。我教司機每次上斜坡時,把車檔按在二波,使車不會稍有餘勁便轉到三波去。長用二波上斜坡,可省去斷斷續續的感覺(現代的「自動轉檔」車輛是不會有同樣的弊端,所以現代的駕駛者不會體驗到那種情形)。司機跟我的方法去做,上斜坡果然順當,處長很表滿意。他獲悉我將被派到英倫受訓,便對我說:「我推薦你在倫敦受訓後,參加高級駕駛訓練。希望你回港後,可以提高警察司機的駕駛水平。」

警務處處長的「一號車」司機是山東人,他的官階是

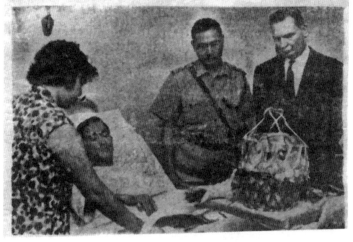

【本報訊】警務處長伊達善，由輔助警察總監、九龍武毅，警司黃愍及輔助警察防暴隊司令，官黃愍陪同下，昨晚六時前訪問九龍伊利沙伯醫院探視慰問在本月八日晚上於太子道受傷與葛受傷……

一九六七年暴動期間，警務處處長伊達善慰問受傷警員，作者從旁當翻譯。

163

警長（沙展），一共曾為三位處長工作（戴磊華先生、伊達善先生及薛畿輔先生）。他是一位十分忠心的警務人員，對漫長的工作時間從來沒有怨言。他姓叢，我的家人稱他為「叢伯」，每次他送我回家，一定逗我們的一歲多女兒玩耍一會才離去。

督察佩劍第一人

真是令人費解，我的工作在某方面常常有特別的發展。在防暴隊訓練營，我是第一位見習督察行政官；在警察總部，我是第一位警務處處長的私人助理及副官；我又是第一名到英倫學習高級駕駛技術的督察；訓練完畢回港後，我是第一位警察駕駛學校總考牌官。因為我是警務處處長的第一位副官，相信我也是第一位佩劍出席官式典禮的督察。在許多人的眼裏，這未必有什麼突出之處，但這多種特別的經驗均集中在同一個人的身上，則恐怕是十分少見的了。

警務處處長失蹤記

一九六七年暴動期間，大凡警務處處長晚上赴宴全都是由我護送的。若宴會是在九龍舉行，處長便從皇后碼頭乘坐

坐落於九龍尖沙咀的水警總部。右方的一輛卡車便是本書第二章「拉小販」一節提及的「豬籠車」。

水警輪到九龍。在此之前，「一號車」早已從佐敦道碼頭渡海到九龍那邊等候。這是一種安全措施，因為「一號車」太招搖了，處長在公眾渡海輪上，可能隨時會遇到不愉快的事件。

一九六七年十一月十五日，伊達善處長將參加三軍司令的晚會，地點是在九龍啟德機場附近的軍營。當天下午我向水警總部訂了一艘水警輪，指明一定要第二十四號水警輪，因為二十四號是平底船，船身不太大，我知道啟德機場跑道碼頭附近水淺，不能容納大船。水警方面，因收到指示，故回覆照辦。不知是哪個自作聰明的警官，看見是警務處處長要渡海，便派出一號水警輪（因為這水警輪的船身比較大，樣子亦「夠威猛」），也許他是嫌二十四號看似一隻「嘩啦嘩啦」小輪，不夠體面吧。（註：「嘩啦嘩啦」是一種長約二十呎的小電扒〔粵音pa^2〕，用一副噪音很大的內燃機推動，「死氣」從船尾直出水面，沒有經過減聲器的。上世紀五六十年代的天星小輪沒有通宵航行，大概午夜一時便停航，深夜渡海的人士便要租用這種「嘩啦嘩啦」來往香港九龍。因為船聲嘈吵，走起來的聲音嘩啦嘩啦的，所以便得其名，見頁168插圖。）

當晚，我護送處長到皇后碼頭，下車後，他囑我不用陪他，說這幾天我的工作時間很長，不想我太累，着我回家陪太太，或帶她出外吃晚飯。我堅持要跟他渡海，但被他拒絕，並說他可以自己上船，並叫警車司機送我回家。

我每次護送處長出席各類場合，一向平安無事，怎知這晚沒有在他身邊，便出事了。那次是一號水警輪駛到啟德機場的跑道碼頭後，在泊碼頭時發覺水位太淺，不能靠岸，而另找水位較深的碼頭又找不到，當折返先前的碼頭又擱淺了。「一號車」司機後來告訴我，他在機場跑道上跟着水警輪走，始終沒法接到處長上岸。由於處長遲遲未到，三軍司令那方面亦很焦急，便致電警務控制中心。當值的華籍警司亦不知處長的蹤影，這樣折騰了個多小時。我與太太剛從餐廳回家，電話便響了。我拿起聽筒，那位華籍警司即大叫：「阿黃，你死啦，C. P.（警務處處長）失蹤啦！」聽他的語氣，十分慌張，我反而氣定神閒地回應説：「陳Sir，不要緊張，有事慢慢講。」 我向對方解釋，説我送處長上船時，是他着我先行回家，事後的情況我並不瞭解。接着，處長的司機打電話給我，説水警輪無法靠岸，處長失約了，現正在尖沙咀水警總部。我到達時，水警總部的一位警務處助理處長正在大罵當值警官，我還沒有踏入警署已聽到咆吼聲，而處長則坐在一旁，靜看事情的發展。警務處助理處長見到我，説起剛才水警輪靠不到岸的情況。我説 ：「二十四號水警輪是一條小船，怎可能發生這樣的事？」 經他們講述後，我才知道他們竟然派了一號水警輪。經過一番商討後，警務處助理處長即時規定：從此以後，凡警務處處長乘船渡海，一定要有一名高級督察官階以上的警官在輪上當值。鬧了半天，幸好警務處處長「失蹤」實是一場虛驚。後來，水警總部在

停泊於中環統一碼頭（圖中遠處）與卜公碼頭之間的「嘩啦嘩啦」（攝於一九七零年代）

一號水警輪（右）

舊一號水警輪是由拖船改裝的，一九六零年初已被淘汰。

伊達善先生退休時，特地造了一個木製碼頭模型，以示紀念（詳見本書附錄）。

無理的助理警務處處長

　　一九六七年暴動接近尾聲時，伊達善處長因為經過連月以來的操勞，計劃與夫人到菲律賓作私人旅行。我在馬尼拉有很多親戚，便替他安排了一次輕鬆的假期。他回港的那天，我吩咐他的司機不用駕駛「一號車」到機場接他，因為伊達善處長曾經說過，他私人出遊時，不願

在一九六九年獲委任為警務處處長的薛畿輔。

太招搖。於是司機便駛了一輛無記認的黑色房車到機場接機。當我到機場時，警務處助理處長（九龍區）「薩叔」（C. P. Sutcliffe，薛畿輔，繼伊達善之後，於一九六九年至一九七四年任警務處處長）在跑道上質問我，為何沒有派「一號車」來接警務處處長？我解釋這是警務處處長的意思，但薩叔不聽我的解釋，並當眾罵了我一頓。

　　伊達善處長下機後，隨即在貴賓廳會見接機的官員。恰巧我見到他正與薩叔作私談，便忍不住氣上前打斷他們的談

話，並當着薩叔面前向伊達善處長説：「Mr. Eates，今天你沒有坐上『一號車』，這是我的主意，請你不要責怪 Mr. Sutcliffe。」 警務處處長見我無緣無故提到這個問題，知道一定事有蹺蹊，便微笑地説了一聲：「我知道了。」當我離開時，驟眼看見薩叔正在「吹鬚碌眼」。薩叔一向對我沒有好感，我對他的印象又何嘗不是。現在竟有機會讓我出了一口冤氣，心裏霎時間好過一些，哈哈！説實在，薩叔是一個很能幹的高級警官，他對香港警察及香港社會的貢獻很多，但不知為何，他一開始便對我有歧見，在很多方面都與我為難。可能因為我是警務處處長的新任私人助理，對我有些顧忌吧。至於其他人，如處長的私人秘書，及每早為處長翻譯中文報章的文員，起初也對我不瞭解。後兩者經過長時間一起工作，彼此的隔閡便不再存在了。

鬼故事之「警員見鬼鬧辭職」

在防暴隊訓練營時，我已講過幾個鬼故事，這裏再給大家講一則我當副官時聽聞的有關鬼的新聞，雖然我沒有親身經歷過，但卻給我內心留下一個深刻的陰影。

事情是這樣的，一位駐守灣仔峽警署（即今日的警隊博物館）的警員張家晉，於一九六六年十一月的一個深夜出更巡至中峽道九號旁一條小斜路的石壆時，看見一女傭打扮的

「警員見鬼」的奇聞頓然搶佔香港報章的顯眼位置

圖為作者坐落於中峽道的故居（位於今日警隊博物館附近）

少女蹲在地上，背向馬路，好像在哭泣似的。當他走近看看究竟時，卻給這少女嚇了一跳。據他事後說，這少女轉頭望向他時，頭髮披散。不看由自可，眼前人竟然是臉色青白帶紫，七孔凝結血漬，並怒視着他。在夜闌人靜的此刻，怎不嚇得他頭也不回，一口氣地直奔回警署，並向同僚講述剛才的經歷。當時那受驚警員的慌張程度實難以形容，旁邊同僚見事態嚴重，便向警察總部報告。當晚由醫務總監陪同他回到出事地點察看，據說他起初拒絕返回現場，但醫務總監勸說有他在（他常要解剖屍體的），什麼都不用怕，那名警員才帶他前去見「鬼」的地方。

第二天，報章已把這事件刊登了，並報導這警員表示要辭職不幹。及後，我為此事陪同伊達善處長到灣仔峽警署，目的是為穩定軍心，希望受驚警員不要辭職，以免影響其他同僚的工作情緒。結果，處長同意他無需再駐守灣仔峽警署，當時他應允，但過了一個月後，我便獲悉他還是決意辭職。

發生這件鬼故事的地點，是一條很窄很彎曲的車路。如兩方同時有車輛到達，比較接近避車處的一輛便要倒後駛，讓對方先通過。整條路是一條窮巷，大概一英里長，由於沒有街燈，故晚上附近極之漆黑。由出事地點向前再過三間屋（大概三百碼）便是我父母的居所。婚前我是與父母同住的，我和家人都從未遇過什麼怪事。但鬼事件發生後，每次我去探望父母時，晚上駕車經過那處，便心驚膽跳，如有同樣事情發生，我真不知怎辦。

射擊比賽

當我任職警務處處長私人助理及副官時，我被委任為香港警察鎗會秘書。我一向對射擊有很濃厚的興趣（後來我在加拿大騎警，曾兼任騎警在南安大略省的靶場主任多年）。但警員對射擊的興趣不大，加上公務繁忙及輪值的時間不吻合，很難有機會參加這類業餘活動。一次，我們應邀與赤柱監獄的官員作一場友誼賽。開賽時，我們參加的人數不足規定所需的六人，幸好我太太在場，她於是被邀請為客串會員，以此資格參加比賽。幸好如此，否則規模龐大的警隊，竟然找不到六個人出賽，豈不是很失體面？

洗手間也分等級

英國人的階級觀念很強。同階級的同僚好友，若有一位陞級了，都要改口稱他「阿Sir」，即使是交情甚好的朋友都「冇得傾」（都要照辦）。我在警察總部五樓辦公，這是最高警官的辦公處，警務處處長、警務處副處長和幾位警務處助理處長的辦公室都在這一層。我是唯一的督察級官員在這層工作的。

記得到此上班的第一天，當我要用洗手間之際，見洗手間的位置是在五樓升降機附近，那裏有兩個入口，我便

下意識地走向男廁（以為另一個入口是女廁）。但仔細一看，我走進的是「高級警官專用洗手間」（senior officers' toilet），再看看另一個入口，門外竟然標明是「等級較低者洗手間」（junior toilet）。「高級」當然是指處長級等人物，「低級」是指所有文員等，哪我又是什麼級別呢？想不到去解手都要有資格之分。於是，我唯有謙虛一點，走進那「等級較低者洗手間」去。如是者，用了幾個星期junior toilet後，心中實在不忿，便開始使用「高級警官專用洗手間」。有高級警官見我此舉，亦沒有阻攔或示意，原因是：這時總部的人都認識我是警務處處長的副官，無謂生事。還有一件事情，是當時令警司以上階級警官所為之側目的，事緣我是唯一一個以督察身份可以進入警司級以上人員才能踏足的餐廳，這亦因為我是警務處處長私人助理的緣故也！

足以登月的升降機司機

在警察總部負責操控升降機的一位工友與我相處甚好，他大概有五六十歲，每次警務處處長準備外出時，我便着他將升降機停在五樓等候，暫時不載其他乘客。一天，我問他做了升降機司機多久？他回答說已有三十多年了，但工作地點不只是在警察總部。我打趣地說：「如你只向上升，不下降，幾年間，你的行程已足夠登上月球。」後來，我去英國

受訓，當回港後返回警察總部，這位司機還認得我。那次他第一句話是這樣對我説：「黃Sir，我『揸』（操控）了升降機四十年，應該到達月球了！」虧他的記憶力強，還趁機會幽我一默！

家庭好友

　　伊達善是一位好好先生，彬彬有禮，我從未見過他發脾氣。他與夫人很恩愛，夫婦兩人都甚有人情味。一九六七年香港暴動時，身為警務處處長的他很忙碌不在話下，但仍常常關心身邊的司機和我的福利及家庭生活。處長夫人從不擺架子，與我太太相處甚佳。他們膝下並無兒女，所以常找機會逗我的女兒玩耍。久而久之，我們在工作上是上下級關係，在工作以外則已成為家庭好友。當伊達善夫婦到菲律賓度假時，亦是我父親致電給馬尼拉的親戚，安排招呼他們。

　　我們移民到加拿大後，伊達善曾經從英國前來探望我們。他跟我兩個子女很合得來。那年正值暑假期間，我和太太都不能離開工作崗位，便由我的女兒及兒子陪伴他到京都渥太華及蒙特利爾遊玩。爾後，我和家人到英國探訪他時，他和太太都熱情地招待我們。他知道我喜愛跑車，曾經贈送我一件大禮物：就是推薦我到大倫敦市警察駕駛學校接受高級駕駛訓練，這是我一生修讀過的最愉快的一項課程。

05

英倫受訓

獲特別嘉獎

香港警隊的每名督察只要有六至七年的「差齡」（年資），昔日都有機會獲推薦到英倫受訓；受訓者有的會被派到倫敦，有的則被推薦到其他城市去。受訓的課程並不很難，可以讓受訓警官增加見識，吸取其他地方警隊的優點，交流警務的常識及經驗，研究警察與市民的各項問題，亦可從中得到啟發。到英倫受訓的時間為期六個月，其中內容包括參觀其他機構，如蘇格蘭場、國家交通研究院，以及「獲素」（Vauxall）汽車實地試驗跑道等。

受訓期間，大部份課程是注重警察普通工作技巧，沒有什麼很特別的內容。香港人煙稠密，大小案件多不勝數，

警察工作十分繁忙，論表現卻絕不比世界任何大城市的警察遜色。每次英倫受訓完後，畢業禮最高獎狀差不多都是由香港督察獲得的。我與另一位同僚在同一訓練班，個別獲得警棍及特別嘉獎。

在英倫受訓後獲獎的兩名香港警官，作者是其中之一。

Overseas Police Course
Metropolitan Police Training School, Hendon, London

OVERSEAS POLICE ADVISER'S COMMENDATION

This is to certify that

Inspector **Wong Ki Yan**

who attended No 41 *Overseas Police Officers General Course*

from 21~4~1968 *to* 7~9~1968 *is awarded this commendation*

for outstanding work in attaining a standard of 80 %

OVERSEAS POLICE ADVISER
Foreign Office / Commonwealth Office

作者在英國受訓時獲頒發的特別嘉獎證書

不合格者回國遭鎗決

　　與我同期受訓的警官共二十五位，來自十二個國家及地區，大多來自非洲各國，如奈及利亞、烏干達、馬拉威等。來自中美洲的有百慕達、英屬奎亞那等。各個國家及地區警官所表現的專業水準十分參差，各人的英文程度都過得去，但大考時，竟有四分之一的警官得不到百分之二十分。但他們是一定要畢業的，所以教官便額外每人加添五十分。如此類推，我們這些有八九十分的，豈不是達到「爆棚」的一百三四十分嗎？為什麼他們一定要合格呢？原來當中竟涉及到發生於多年前一宗駭人聽聞的慘劇，這是英國警校從經驗中得到的教訓。我們是在很偶然情形下才間接獲悉的。

　　一九六七年暴動時，因為天天有炸彈放在街頭，最多的一天曾經多達三百多枚（當時我每天都整理好有關統計資料，以供警務處處長到督轅開會時參考）。香港當時只有幾位拆彈專家，暴動發生後，由於一位專家被炸傷了，所以警務處趕派了十多位督察到英倫參加拆炸彈速成班。他們回港後，發揮了很大作用，因為「炸彈」多是虛彈（當時，市民稱滋事者擺放的炸彈為「土製菠蘿」，假炸彈往往被包裹成真的一樣，以擾亂市民日常生活及阻塞交通），或是那些放置在街頭上的包裹或紙袋。雖然這批受過訓練的督察不是專家，但以他們的智慧與常識，亦可以分辨是炸彈還是「詐彈」，因而可以減輕拆彈專家的工作。

在英倫受訓時，與大倫敦警察學校全體師生合攝。（後排左四為作者）

據參加過速成訓練班的同僚透露，他們班內有一位來自非洲某國家的警官，穿著整齊，天天坐在班房的後排，不與他人談話。同學們以為他是視學官階級，所以不理睬他，訓練完畢後，他沒有考試，但仍畢業兼取得文憑。很多同學都覺得奇怪，便向教官追問原由。原來這位警官是不懂得英文的，但他的國家一定要派他前來學習，教官對他很冷落，讓他在課室後排上課。可是，為什麼又讓他通過畢業呢？其中的理由是：很久以前，曾有一位非洲警官被派到英倫受訓，結果考試不合格。回到自己的國家後，卻被指有失國體而遭鎗決。從此以後，為免有同樣慘劇發生，故教官會額外開恩，所有受訓者都不愁考試「肥佬」（fail，意指不合格）。

餐餐吃蘋果，食神遠離我

一九六零年代，英倫的生活水平並不很高，我們受訓時每日都獲供應三餐膳食，只是食物安排不算好，尤其是我們這些從香港來的警官更加不習慣。從中，我發現了一個有趣的現象：若今天的餐後果是蘋果的話，明天便有蘋果批作為甜品，而第三天所供應的正餐則準是豬扒。如是者，屢次都是這樣安排。同學們都不明我如何能夠準確地預測次天的菜單。很明顯，第一天剩下的蘋果可以用來製蘋果批，再剩餘的可以磨成蘋果醬，配煎豬扒（因為英國人吃煎豬扒的配料

作者在離開巴黎市中心五公里營地露營，該處現已大廈林立。

是蘋果醬）。這樣的節儉措施，十分符合邏輯。

食物不好，對我沒有關係，因為我有「跟得夫人」做「私人厨師」──當時我的太太自費伴隨我到英國。她是攻讀音樂的，亦乾脆趁機會到倫敦考取英國皇家音樂院鋼琴教師文憑。她在倫敦租了一間離警校不遠，又有煮食設備的房間。我每天下午五時在警校用膳（實在無法引起胃口）後，便步行到太太住處，再用心去吃她煮的愛心餐。一晚竟能吃上兩餐，大概這是如假包換的「安樂茶飯」吧！怪不得我體重增加了不少。

太太打工忽冷忽熱

我太太在一九六八年九月考獲英國皇家音樂院鋼琴教師文憑後，便在倫敦陪着我，直至十二月才一同返回香港（我們是在四月一起啟程去英國的）。因為我要上課，她便在附近的伍爾沃斯百貨公司 （Woolworth）找到一份售貨員的工作。公司把她派到大門附近的攤位賣化妝品，九月份天氣開始轉涼，每次大門打開時慘受寒風侵襲，令她感到不甚舒服，因此便向經理投訴。第二天，她回來對我說又有新的麻煩，原來經理把她調到賣燈飾的崗位，一天八小時受着大吊燈的熱光向下照射，她又覺得太熱了。幸好，這份工她只做了兩星期。在等候駕駛班開學時，我駕駛初到倫敦時購買的

老爺車,與太太一起暢遊歐洲十八天,每停留一處便會紮起帳幕就地宿營。

老爺車

　　早於歐洲駕車自由行之前,我那老爺車的車身狀態已經不妙,一邊的「沙板」(輪拱)銹蝕得很嚴重,看樣子是會隨時掉下來的。於是我到一家修理車身的公司打價,盼能盡量妥善修理。誰料那公司主事人瞧了一下,說我的車已破爛不堪,難予修理。我問他可否估計這車尚能維持多久,他蹲下身看看車底,說機器可能隨時會跌落,亦可能維持到明天或一星期或一個月。我聽了十分氣憤,一氣之下,買了一卷很闊的膠紙,把「沙板」與車身接合起來,在上面噴了藍油作遮掩,便毅然決然地起程到歐洲大陸遊覽。那時年輕,天不怕,地不怕,走了兩千三百英里路程,終於讓我們安全返回倫敦。離開英國時,我將車賣了,得到十五英鎊。

　　我一生跟老爺車很有緣分,當我買第五部汽車時,將它與之前的車齡加起來是八十年。還有,我曾經擁有的六部汽車,合共起來只有八扇門,因為有兩部車是沒有門的。我十分喜愛老爺車,對簇新的車輛全不感興趣。但在英國購入的老爺車卻因為是在經濟拮据時買下的,這輛「雷諾」(Renault Dolphin)房車不知已經走了多少英里,我買入一

個星期後便要大修；那次我買車花上三十英鎊，卻用了五十英鎊修理汽車。雖然車子殘舊，我和太太只用了八個月，亦能多次享受了到英國南北部及歐洲大陸旅遊的樂趣。

一次，我要到英國中部另一警校受訓一星期。我與太太及兩位同學駕車到警校，因為路程很遠，我的老爺車不能超過時速五十英里，否則便會發生故障（如斷皮帶或水沸等）。我們在早上四時從倫敦出發，走了兩小時，即清晨六時，車子的水箱便開始見水沸現象。我將汽車停靠路邊察看，原來風扇皮帶斷了，不能繼續行車，否則機器是會壞的。這時，我剛駛進一個小鎮，遠遠見到一間修理汽車車房，我步行到該處，發覺他們早上七時才開始營業。於是我們四人便在車內睡覺，等待該車房開門。早上七時，再一次走到車房，告訴技工我的車風扇皮帶斷了，要買一條新的。他回答我說，他的車房只修理英國汽車，沒有法國汽車零件。這時，我懊悔自己為什麼在英國購買法國車呢，這趟真是遇上滑鐵盧了！

我問技工哪裏有法國雷諾車代理商，他說要向北走大約三十英里路才有，他見我十分徬徨的樣子，便問我：「你車中有沒有女乘客？」我見他問得這麼唐突，以為他在開玩笑，正準備教訓他，他急忙解釋道：「請不要誤會，我可以提供一個辦法，使你再走三四十英里。」我半信半疑，問他是什麼辦法？他叫我用一隻女士恩愛的玻璃絲襪（當時的絲襪是用很堅韌的尼龍料做的），在與風扇皮帶圈一樣的長

圖為作者歐遊時所駕駛的雷諾（Renault Dolphin)老爺房車，那塊深色的後輪
拱其實是作者用膠紙黏合的。

度打一個結，將多餘的絲襪剪掉，把這玻璃絲襪當風扇皮帶使用便可。這技工真了得，我照他所說的去辦，果然可以把車子直駛到雷諾代理商門前。換過新風扇皮帶，我們終於準時到達目的地。哈哈！既然玻璃絲襪可一物二用，我於是乾脆一下子買了一打送給太太，以便不時之需。

受訓完畢，我們趁有幾天假期，便到英國中部到處遊覽。我們在一家小旅館下榻後，發覺汽車前輪泄了氣，當我準備把車輪拆下修理時，才發現沒有換輪胎的起重器（jack）。幸虧那時的小房車不太重，三個人合力將車子前端抬起，由我太太放一塊石頭在車架下，將車身提高了一些，然後才將車輪脫下。那時的車輪不是像現在的用鐵線加固，而是有內胎的。我把車輪抬到旅店二樓的洗手間內，用一把螺絲批，把內胎拿了出來，用補單車胎的補膠去修補。跟着在浴缸內放滿了水，把內胎放入水中，確定不再漏氣，才放回車輪內；然後，待裝回修補好的車輪，次天又繼續上路。

在歐洲期間，這輛車的車檔箱（波箱）曾經發生故障，第三檔常常「跳波」，要用手按着波棍才可。這第三檔是最高檔，行車時用它的次數最多，所以全程我是一手扶着駕駛盤，另一手按着「波棍」的。儘管這老爺車給我很多麻煩，但它亦帶給我們許多樂趣，起碼一路上沒有發生危險，真是十分幸運！

在英倫受訓時，作者（前排右三）曾為漢敦警校足球隊出賽。

警官足球

　　眾所周知，英國是足球王國，雖然只在一九六六年奪得唯一一次世界杯足球錦標，但這名稱亦足以使英國人自豪。我們受訓班內共二十五人，大多數喜愛踢足球，曾約請教官一起踢友誼賽。警校全體員工的人數不少，要成立一隊勁旅，並不困難。我在香港警察隊服務時，曾經踢過香港甲組足球聯賽的預備組（即一支球隊的預備隊，隊中成員以年輕、實力稍遜或剛傷癒的球員為主。設預備組賽事，是讓他們保持狀態，汲收經驗，以便隨時候命在甲組賽事中亮相），所以自認腳法不差。那次友誼賽本已踢至九十分鐘，比分是五比四（我隊的五個入球都是由我包辦），本該算雜牌軍贏了。誰料那位由警校派出的球證見自己的球隊落後一球，竟然不肯吹哨子完場。他居然把球賽延長了整整七分鐘（我太太也在場看比賽及計時），終於給他們以六比五反敗為勝才告罷休。我方球員為此提出上訴，都不被球證理睬。後來我向同學們解釋道：「他們是不能輸給我們這班拉雜成軍的球隊的，否則足球王國的臉儘給全丟了。」當我撰寫本書時，曾順道翻閱一些舊照片，發現有一張是我這名隊中唯一一個學警跟警校球隊一起合攝的照片，當時因為我的球技卓越，便被邀請為他們出賽一場，他們給我的面子真不少啊！

　　回憶一九五零年初，英國漢敦足球隊曾遠赴香港作賽。當時香港足球隊雖然技術不錯，奈何外來勁旅的實力更強，

所以外隊一直很受香港球迷歡迎。那時我是香港第一旅童子
軍隊員，每次有外隊來賽，都是由第一旅協助維持秩序，我
亦因此可以免費觀看球賽。想不到多年後，我來到英國倫敦
北部漢敦市的大倫敦警察學校受訓，而且更為漢敦區警察學
校踢了一場球賽，世界真是太小了！

「有球必應」

由於球證偏幫而導致己隊反勝為敗，事情儘管已隔了兩
星期，但有幾位同學仍然不忿，預備向警校隊下戰書再賽一
場，但被拒絕，理由是工作太忙，不能召集職員再組成一支球
隊。我看見教官們天天在操場打排球，便問班中的同學有誰打
排球的，出乎意料之外，竟然有十多人響應。一天下午，正
當教官打排球時，我問他們願不願意跟我們打友誼賽，五局三
勝，他們欣然應允。這次我們打得他們落花流水，不及三十分
鐘便直落三局取勝，教官們唯有俯首稱臣。我班的同學亦仗着
阿Q精神，不管是哪種球賽，總算贏回一仗！

反調文章奪冠軍

在倫敦警校接受訓練期間，常有各種社會機構來探望和

在英倫受訓期間，作者夫婦與同學及教官暢遊花園。

作者（左一）與英倫警察訓練學校的教官和學員在酒會上

作者獲徵文比賽冠軍的獎品——《美麗的倫敦》

訪問我們，他們的目的大抵是由於我們來自世界各地，故對我們原居地的生活情況感到興趣，登門造訪亦可以讓我們領略到他們的盛情。其中，有一間機構更贈送獎品給每班作文比賽的冠軍。有一期的作文比賽主題是「倫敦與她的市民」（'London and It's People'），大多數同學的參賽作品都用地理環境描述和報導方式，來介紹倫敦市面貌，乃至她的人口情況和生活方式等等；不少作品更不約而同地大讚倫敦的繁榮和生活程度高，以及欣賞當地市民的紳士風度。

　　我卻相反地寫了一篇內容稍具諷刺性的文章。當時在倫敦有一椿大新聞，英國政府決定將擁有一百五十年歷史的倫敦橋（London Bridge）賣給美國亞利桑那州，作為當地一個招徠遊客的新地標。一九六八年，買家將大橋的一萬零二百七十六塊大石逐塊拆下，劃上辨認的記號後，便運到亞利桑那州東南毗鄰加州的哈瓦蘇湖城（Lake Havasu City），然後重新建在該市的大湖上。倫敦橋並不是一座宏偉的大橋，它只是數十條橫跨泰晤士河中之一條小橋，樣子平平無奇，但它的名氣卻是世人共知的。相信不少年長一輩的香港讀者，在小時候大都唱過英國童謠'London Bridge is Falling Down'（《倫敦橋正在塌下了》），我便利用這首童謠作為文章內容的核心元素，感嘆英國政府甘心把一座無價國寶賣給一些商人作為廣告的犧牲品。當時有很多英國人反對政府的做法，而我的文章剛好反映出評判員的心境。結果我獲得冠軍，獎品是一本介紹倫敦著名建築物的圖書，名為《美

麗的倫敦》（*Beautiful London*）。

　　這件事使我感覺到美國人和英國人的不同之處。美國人是喜歡被人稱讚，而英國人則愛以事論事，即使我沒有稱讚他們，他們亦不會因此而令我落選。

破案率達百分之七十

　　在我們的訓練課程安排中，有一個星期是到著名的蘇格蘭場（Scotland Yard）學習的。蘇格蘭場調查罪案是世界聞名的，我們有機會到這裏學習，深感慶幸，回港後亦可炫耀一番。我們在這星期內，見識不少，加上蘇格蘭場的歷史悠久，收藏了甚多犯罪檔案，可供學員參考。

　　一天，我與一位蘇格蘭場警官閒談。他問我對蘇格蘭場的印象如何，我當然先行恭維一番。他繼續問：「聽聞香港的罪案甚多，你們的破案率是多少呢？」我毫不猶疑地回答他：「大約是百分之七十。」他聽後一聲不響，彷彿對我的答案有點懷疑似的，於是我反問他：「你們的破案記錄很棒吧？」他說：「去年的破案率是百分之四十一。」說罷，看他的樣子好像感到不好意思。

　　為什麼香港的破案率比他們高呢？其中有許多因素。在香港，凡是犯了大案的人，多數無處可逃；相反，在英國犯了罪，疑犯可輕易地逃到歐洲大陸或美洲。在香港，犯罪

後逃到中國內地是自尋死路，因為當地執法比香港更嚴。逃到台灣嗎？台灣是不歡迎罪犯的，而且台灣是個島嶼，不易登陸；逃到澳門嗎？香港與澳門相隔不遠，雙方警察非常合作，隨時可將罪犯帶返香港。香港警方當時還有一些途徑可以協助迅速破案，比方已故資深新聞工作者，《南華早報》專欄作家奇雲‧冼樂嘉（Kevin Sinclair）所作有關香港警察的書——《亞洲最優秀的　（警察）》（Asia's Finest）內提到：「一群涉嫌貪污的高級警長和一些他們的下屬，用『黑錢』（收規得來的錢）來買通線人，協助破案。非法賭檔的主持人亦與警方合作，幫助揭發打劫後到賭檔花大錢的疑犯。」有一次，我拉了一個打劫犯，送他到「雜差房」（警署偵緝部）繼續盤問。翌日上法庭時，他竟招認了十多宗打劫罪，我因此得到上司的讚賞。後來有一探員告訴我，偵緝部給了這犯人一些好處，若他肯多認幾項罪名，在他服刑期間，偵緝部將會照顧他的年邁母親及年輕的弟妹。這樣，難怪他肯多認幾項罪名了。香港警察在各方面工作效率和水準都很高，但當年破案率高達百分之七十，和蘇格蘭場的百分之四十一比起來，個別破案招數又似乎有點那個！

一身兼百職

在倫敦警校訓練班內，有一位警官是來自中美洲一個

小島國家。在校內時，他穿著制服；當踏出校園後，卻打扮成一位英國紳士似的。穿黑色西裝，手上永遠攜着一把黑色雨傘，看樣子他已經習慣英國的生活。與他閒談時，發覺他已在英倫連續不斷地受訓了兩年，在這時期內，他除了接受一般警務訓練，還上過培訓長官班、駕駛班、城市交通、偵緝訓練、罪案實驗室、防暴及控制群衆訓練等等課程。我問他：「你出國這麽久，你所在的警隊規模很龐大嗎？」他回答說：「剛巧相反，我們警隊只有五十人。」我跟他打趣地說：「你學了這麽多課程，回國後一定可陞為警務處處長了。」他說：「正是，我們的處長不久便退休，所以我被派來通學『全科』，以準備回國後擔任處長的職務。」原來他不是一身兼百職，而是通學百職傍於一身。

法蘭西「飛仔」

在大倫敦警校受訓時，經當地警察介紹，我加入了「國際刑警協會」（International Police Association）為會員。

一位當地警察給我一枚會章，說有需要時拿出來提一提，可能會派上用場。當時我並不明白他所指的意思，因為那枚會章很小，我後來把它釘在衣領尖的底面，若不反起衣領，是不易被覺察到的。

國際刑警協會會章

爾後，我和太太在法國巴黎旅遊時，登上了艾菲爾鐵塔觀光。當我們到達最高的觀景層時，有一個身穿皮外套的貌似「飛仔」（占士甸般的打扮）的青年，持着相機給我們拍照。我問他收費多少，他回答說：「黑白照片，一張一法郎，彩色照片一張一點五法郎。」在一九六零年代，彩色照片不甚通行，因為菲林太昂貴。我認為這青年的索價適中，便叫他替我們拍一張彩色照片。他於是作起攝影師狀，把相機朝準我們，手指使勁一按，便說照好了。我對拍照亦是有研究的，總覺得他的動作欠妥。及後他竟向我收取十五法郎，我說不是說好是一點五法郎的嗎，他卻硬說是我聽錯了，並開始大聲呼喝。與此同時，隨即有三四個與他同樣打扮的「阿飛」（小流氓）圍着我和太太，表示一定要收錢。霎時間，形勢變得不妙。太太着我不要與他們爭執，付錢算了。但我當時年少氣盛，不甘心就此讓他們佔便宜。忽然想起我的國際刑警會章，於是嘗試孤注一擲，馬上反開衣領，露出會章，大聲喝道：‘Police（警察）！’。這班「飛仔」聽見‘Police’，便分頭飛竄，有些躍過通道欄杆，有些還一次跳下六七級梯級，狼狽不堪。我與太太見已化險為夷，相對哈哈大笑起來。想不到一枚小小的會章，可以把這群法蘭西「飛仔」嚇得雞飛狗走，魂飛魄散。

06

練就駕馭真功夫

ASS   BANKING

APPROACH ROAD

「車神」是這樣練成的

英國很多城市的警方都有自設駕駛學校，但多數是教授基本駕駛技術。參加訓練班的警員，畢業後都有資格駕駛警車。這些警員若想學習更高超的駕駛技術，便要到設有高級駕駛技術班的警校「搭單」（順便報名）受訓。香港警察亦有派警官到一些警校學習基本駕駛技術。在英國，有少數警校設有高級駕駛訓練班，它們有特別設備，例如「濕滑路面」（skid pad，訓練學員熟習在雨天及雪天駕駛），以及「高性能汽車」和 「控制駕駛技術的特別道路」等。高級駕駛學校亦有分設備優良或設備簡單的。設備優良的如我受訓的漢敦（位於倫敦北部）大倫敦警察駕駛學校，它附設的「濕滑路面」不只是一個圓形的跑道，而是一段很長的有兩個圓形相連的崎嶇的跑道。這裏的跑道，是用不同的水泥材料分段鋪成路面，路面由粗厚至幼滑不等，加上射到路面上的水、機油或混合液體，使車輪因貼着每段路面的強弱程度不同，而大大影響駕駛員對車輛的控制，稍不小心，或技術不夠，車輛便會「飛」 離路面。

大倫敦警察駕駛學校的課程分初級、中級和高級三個程度，一名受訓警員需經過多年的駕駛實習和訓練，才可以獲得高級駕駛文憑和資格。

作者用「畢記」舊同事的「喜臨門」房車在英國參加駕駛技術比賽

作者的生日禮物——坐上一輛方程式跑車，準備在世界知名的Brand's Hatch
賽車場上奔馳。

又是第一位

　　我不是第一位被派到英倫接受駕駛訓練的香港警官，但到英國接受高級駕駛訓練的香港警官，我倒是第一人。一個初級駕駛員畢業後，需經過一段時期，才可以接受中級駕駛訓練。然後又要經過若干年，才有資格受訓為高級駕駛員。香港警務處為我申請接受高級駕駛訓練時，大倫敦警察駕駛學校只肯取錄我入中級駕駛班。但因為我在英國的時間有限，經商討後，校方願意視乎我在中級課程的成績，再決定我可否在兩星期後參加高級駕駛訓練班。

　　當我初到倫敦時，離此不遠的市鎮巴尼特（Barnet）將舉行駕駛技術比賽。我欲參加是次賽事，但我的殘舊老爺「雷諾」車卻不能出賽。可幸碰到畢馬域會計師行的一位舊同事，他當時正在倫敦攻讀會計。海外逢知己，他讓我用他的「喜臨門」房車參加比賽，結果獲得全場第二名，使我對將來學習高級駕駛增加了不少信心。此外，英國還有不少賽車跑道是開放給大眾以測試自己的格蘭披治賽車技術的。它們是以賽車駕駛學校的名義開辦的，最著名的跑道有Brand's Hatch及 Silverstone。是年六月，太太斥資讓我到Brand's Hatch駕駛一輛方程式的賽車，費用是二十一英鎊，駕駛十個圈。因為學校方面不知道我的駕駛技術如何，起初三個圈，僅提供一輛蓮花牌依蘭形跑車給我試駛。他們在瞭望塔看我跑完三個圈後，才准我用一輛方程式賽車走完其餘的七

INSTITUTE OF
ADVANCED MOTORISTS

This is to Certify that

Wong Ki Yan

has passed the Advanced Driving Test

and has been elected a Member of the

Institute of Advanced Motorists

Chairman:
R. K. MUNDAY

英國高級汽車駕駛協會的會員證書

個圈。事後，還給我一個技術評語報告，表示接受我參加賽車班。我有機會在世界知名的賽車場風馳十圈，這可以説是太太給我的一件最佳生日禮物。

兩次筆試

大倫敦警察駕駛學校的中級駕駛訓練班共有四位師傅和十二名學員，每一位師傅帶領三位受訓學員。起初，其他受訓者對我這位來自香港的「中國學神」（一九六零年代的學車人士已被稱為「學神」）與他們一同受訓，感覺出奇，但相處數天後便習慣了。中級班和高級班的學員都是要考筆試的，課本是一本名叫《動力的操縱》（*Power Under Control*）的教科書，及交通部發出的「駕駛規章」（Highway Code）。因為我是一位「外來者」，同班的學員便串謀來戲弄我，騙我説需要將這兩本書的內容全部唸熟，才能應付考試。我起初並不相信，但全班同學都是這樣説，便信以為真。回家後（這時候，我因沒被安排宿舍，故和太太在私人住宅裏租住一個房間），我對太太説及要記熟書本的事，便決定由她協助我，將兩本書的內容隻字不漏地背熟了。

考試成績揭曉後，我取得了一百分。班內其他學員所取得的最高分數是六十多分。駕駛學校校長對我説，他不相信

我能一字不漏地準確回答所有問題。但事實卻擺在眼前，也不由他不信。這次遭戲弄出來的考試成績，對我被取錄進入高級駕駛訓練班，是很有幫助的。

當我在高級駕駛訓練班時，課本與中級班的一樣。重溫熟讀這兩本書，已不是難事。這時候，我的同學已換上另一群人。開班時，他們竟被校長召集起來訓話。據他們後來告訴我，當天校長對他們說，我這個從香港來的中國人在中級班考筆試裏，答中全部問題，得一百分。他不願看到這次高級班學員有失體面，着他們勤力讀書，考取高分數。校長亦警告他們，七十分以下的算是不合格。這批同學後來都埋怨我，說因為我考獲佳績，他們被迫要更勤力。我解釋說，那是中級班同學戲弄我，着我熟唸書本的結果，他們現在只是代中級班的同僚「受罪」罷了。

這次高級班考試，我仍獲得一百分。其他學員的最高分數是八十多分。然而，他們有所不知，我們中國人從小便學習勤唸書，默書也要背熟，所以唸書對我們並不是一件難事。活該，就讓懶惰者得到一個教訓吧！

進入中級駕駛班

大倫敦警察駕駛學校的訓練很嚴格，每一個手勢、動作都要跟着教科書本的規則去做，不能有異。駕駛速度要遵從

路牌的指示，既不能超速，又不可速度太慢。若市區內只准每小時三十英里的速度，駕駛員便要盡量駛近三十英里的時速，如果超速一英里便是技術有問題了。當時的高速公路，如M1或M4是沒有速度限制的，我們便需把車子駛到最高速度，但視乎個人的駕駛技術而定。

在倫敦，最難駕駛的道路要算是郊區的 'A' 路了。'A' 路限制的時速是每小時七十英里，路窄彎多，而且兩旁種滿高達六七呎的籬笆，往往看不到彎角的來車。要盡量駛到每小時七十英里的時速，是十分危險的。據師傅說，這裏每數星期都會有意外發生。學校對這嚴格訓練是很自豪的，師傅告訴我們，雖然英國的道路規定是左上右落，與加拿大規定的右上左落不同，但加拿大騎警卻曾拿他們的教學電影，在放映時把電影膠片反轉；當學員觀看時，銀幕上所反映的行車情況便成為右上左落。（回憶起第三章「他鄉遇教材」一節提及的經歷，我想，難道加拿大騎警真有「拿來」「引用」外地警校教材的嗜好嗎？）

中級駕駛訓練班開課一星期後，我為了提高自己將來回到香港的資歷，便向師傅表示我想參加英國民辦的機構——「高級汽車駕駛協會」成為會員。那時香港亦有英國高級汽車駕駛協會的附屬分會，但是作為英國總會會員，一定比本地的吃香。師傅替我詢問情況後，回來告訴我說，英國高級汽車駕駛協會並不接受外地人成為會員，因為外地人的駕駛技術水平未經英國總會審核過，所以不能接受。但經師傅及

漢敦大倫敦警察駕駛學校「濕滑路」訓練場鳥瞰圖

作者重返漢敦大倫敦警察駕駛學校，在「濕滑路」訓練場駕車時攝。（攝於
二零零八年四月）

為使「濕滑路」保持濕滑，以考驗司機控制汽車的
能力，訓練場邊設有射水設備。

作者考獲的英國高級駕駛班畢業證書

英國高級駕駛班師生送給作者的「特別版證書」

校方交涉後，證明我的駕駛技術水準比英國高級汽車駕駛協會所要求的高，才破例接受我成為會員。看來，我是第一位成為英國高級汽車駕駛協會會員的香港人。

中級駕駛班的課程，如：入彎時，如何選擇行車的位置及路線；安全駕駛及注重禮讓；用「防禦性」而不是「侵犯性」的駕駛技術等等，對我來說，並不感到困難。兩星期的課程很快便完結了，一如所料，我順利地升上高級駕駛班。

高級駕駛班尚有兩個星期才開課，其間實在是最難度過的，因為當時正屆十一月，倫敦天氣已經轉冷。我和太太所租住的房間，保暖條件甚差，而暖氣爐是需要入錢才會輸送暖氣。每兩小時便要將兩先令六便士放進錢箱內（一英鎊有二十先令，一先令有十二便士，當時一英鎊約可兑換二十元港幣）。有時晚上因放不夠錢，我便要走出暖暖的被窩去加硬幣。這兩星期，太太於日間到百貨公司上班，我整天坐在房內捱冷倒不是辦法，為了節省金錢，每天早上陪同太太到公司後，便到附近一間圖書館裏去取暖。我是不喜歡看書的，天天在那裏獃足八個小時，圖書館全部有關體育及汽車的藏書都給我看過了。我一生自願入圖書館的次數，因為有這次經歷，而總算累積了三次。

高級班口述駕駛

　　高級駕駛班的要求較中級駕駛班的高得多。前者設有的
特別課程包括：在「濕滑路」上計時競賽；公路上跟隨、追
蹤及追逐另一輛警車；現場口述駕車狀況等。這裏，我想説
明一下：現場口述駕駛是一項很難的課程，許多學員都很怕
這一課。沒有良好駕駛基礎的司機，一定做不到。駕駛時，
還要用上周伯通（金庸小説《神鵰俠侶》中的一個人物，綽
號「老頑童」）的「一心二用法」。除了左右手做出不同的
動作外（如同時操控駕駛盤及轉檔），還要一方面駕駛，一
方面眼望四方，迅即洞悉前後左右有否潛在的危機；學員不
但要一邊駕駛，還要不停口述眼見的周圍特殊環境，説出這
些情況可能對你構成的影響，並指出你會採取什麼動作來應
付這些環境。以下是一段一個高級駕駛班學員所作的口述駕
駛的記錄：

　　我現在在公路上以時速三十英里向前行駛。

　　天晴路乾，在我前面有一輛白色房車。

　　望後鏡，有一輛電單車跟在後面，他亮起指揮燈，但沒有
打手勢，示意要超過我的車輛。我減速稍稍慢駛，讓他過頭。
前面有交通燈，剛剛轉綠。

　　望後鏡，我可以安全直駛，但仍要留心從橫路駛出的車
輛；左前方有一名騎單車者。

望後鏡，駛往右邊少許，避開單車，我準備在前邊右轉。

望後鏡，亮起轉右指揮燈，看右方沒有車，駛到最右行線。

望後鏡，慢駛，前面相反方向有一輛的士及一輛巴士向我駛來，他們有優先權。

望後鏡，我停車，前面沒有車，亦沒有行人過馬路。我踏油前進，入了新路，見有一個標示時速限制二十五英里的路牌。

望後鏡，沒有車跟在後面，有標示不准停車的路牌，稍遠處設有斑馬線。

望後鏡，有一名婦人及一名小孩站在斑馬線側等待過馬路。

望後鏡，慢駛，停車，讓他們過馬路⋯⋯

這段行車路程大概僅僅走了一分十秒，但口述駕駛已講了三百五十個字。

考試時，大約要不斷地口述二十分鐘，真是聲嘶力竭。但這是很好的訓練，有利打好高級駕駛技術的基礎。讀者如要嘗試，起初不要在太繁忙的街道上作口述，慢慢便會領略到口述駕駛的優點。我的母語是廣州話，在英國應考高級班作口述時，是要用英語的，因而難上加難。

參與高級駕駛班特別課程的學員於考試時，均由駕駛學校的校長及副校長親自主考，通過合格才發給畢業文憑。我

的班內有一同學因訓練過程太艱辛，感到壓力太大，竟禁不住在車內大哭起來。

我們在接受訓練時，一天的路程有多長和車速要多快呢？現在就舉一個例子，有一天，我們早上九時半從倫敦出發，中午十二時在英國中部雪飛爾市（Sheffield）吃午餐，下午三時半回到駕駛學校下班。其間，還得花點時間吃午餐和享受茶假（tea break，即長途行車過程中，在加油站旁邊的餐廳稍歇的時光，旨在喝點咖啡，吃點糕餅之類聊作小休）及轉換司機等。雪飛爾市離倫敦大概二百英里，我們的車速除了出入埠及路經小鎮時較慢外，最高者曾達到每小時一百六十英里。現在細看英國汽車會地圖的指示，普通車輛從倫敦到雪飛爾市走畢全程，需要花四小時以上。

兩星期的高級駕駛課程又快接近尾聲，我的路試合格。在「濕滑路」上競賽時，我得到一個很特別的機會。在駕駛學校時，我和眾位師生都很合得來。「濕滑路」上競賽的那天，我是要駕車追逐前面一輛「賊車」的。扮演駕「賊車」的師傅在賽前對我提示：「最重要的是不要把車『甩』出（skid，指車輛高速奔馳時或在濕滑的道路上打滑）路面而損失分秒時間。若考生太小心，駛得太慢便會讓『賊車』逃之夭夭，兼且失去時間。你不用緊張，就照着訓練時的做法，我會通過望後鏡去留意你的速度。我將會按情況加快或減慢車速來配合你，只要你不滑出路面，你便不會失去我的蹤影。」這提點果真是高人指路，結果我以四分三十五秒的

時間走畢全程，得第二名，為首者比我快了五秒，其他十位同學的時間都在五分鐘以外。不曉得，獲取第一名的同學是否又如我一樣，有貴人相助呢？

我在高級駕駛班的表現為香港警察增光，並且創下了紀錄。畢業那天，師傅及同學們在一張文憑的空白處簽了名，註明我是一位隨時都受歡迎回校的嘉賓 。我是很重友情的，這張特別版的文憑可比真正的畢業文憑更彌足珍貴。

我成了路人眼中的罪犯

在整個駕駛訓練過程中，我是唯一穿着便服駕駛警車的，其他同學都是穿上警察制服。加上我是校內唯一的亞洲人，少不免會發生或這或那的誤會。比方，在休息或午膳時，經常有一些滋事的市民，上前問我的師傅或同學們，我是否他們的囚犯？ 或我犯了什麼罪？ 使我挺不好受的。後來，這情形發生得太多，每每有人前來詢問時，我便走開，讓路人覺得奇怪，為何這幾位警員會讓一名囚犯私自漫步離開？有時我亦會風趣地對好奇者説：「不是他們拘捕我，而是我拘捕他們。」讓這些好奇者聽了，頓覺啼笑皆非。我的同學亦很樂意與我一起「演戲」，以消磨一些時光。

貴賓入境

在英倫受訓完畢，我和太太乘坐飛機返香港，途中順道到泰國曼谷玩幾天。我聽朋友說，到曼谷機場過關時，很多旅客都會放一張十元美鈔在護照內，以便順利入境。當我們到海關櫃枱時，太太問我是否需要放錢在護照內？我覺得這是很危險的事，因為可以被控賄賂的，不如看看情形再定。我們提着行李，先過移民入口處，移民官看了我的護照後，問了幾句話，例如我幹什麼職業等等。我的護照已註明我是香港公務員，他既然問我在哪個部門工作，我便如實地回答是在警察部。他聽罷便揮手示意我們到海關那邊。到達海關後，有一位看來是高級長官的人向我們走過來，並用粉筆在我們兩件行李上畫了一個大大的「×」字。我想，我們沒有放錢在護照內，肯定出了問題。只見那長官叫了一名雜役，拿了我們的行李，直穿過海關，搬到機場候車處。長官問我們往哪裏？有沒有訂酒店？我回答他說，我太太的朋友會來接我們。他隨即拿出一張他的名片給我，並說若我到某幾間大酒店下榻，只要亮出他的名片，便可獲得五折優待。我們不明白他為何將我們當貴賓般看待，剛巧這時我的朋友已經到達，我謝了這位長官後，便上了朋友的車，離開機場。

來接我機的這位朋友是一名曼谷華僑，在泰國長大，家裏亦是有背景的人，聽我們說及這長官的盛情款待，也不明白其中原因，他懷疑一定是有特殊人物從中關照。

回到香港後，終於真相大白。原來在我們到達曼谷之前幾個星期，香港警察籃球隊到曼谷參加比賽，賽事尚未完畢，有一警員因家裏有急事，要提早返回香港。出境時，這名警員受到駐機場的政府官員刁難，要付款才肯交回護照（那時候，遊客是要把護照放在入境處，離境時才交還的）。這警員回到香港後，向上司投訴，香港政府正式照會泰國政府，泰國政府遂立即把曼谷機場全部官員調換。我們到達曼谷時，剛好碰到新官上任；因為見我是香港警察，故官員給我們十分好的招待，以免再添麻煩。

07

前所未有的總考牌官

成為香港警察駕駛學校首位總考牌官

我從英國受訓回來後，被調任為香港警察駕駛學校前所未有的總考牌官。香港警察駕駛學校早期設在新界，一九六零年末期搬到金鐘兵房，與輔警總部為鄰（現在早成了大廈林立的香港地王——金鐘地段）。香港警察駕駛學校校舍殘舊，但總面積足夠作為駕駛訓練學校之用。

我想，大概警務處向來沒有高官對提高警察司機駕駛技術有興趣，所以駕駛學校從未受到警察總部的重視。薛畿輔（薩叔）是當時唯一一位積極推行提高警察司機水準的高級警官。我仍在英國時，期間，伊達善處長退休，薩叔繼任為香港警務處處長。伊達善處長推薦我到英倫接受高級駕駛訓練，很可能是與他的繼任人有默契吧。

剛從英國回來，我在返回總部報到時剛好遇上薩叔，我們一同走進升降機上五樓。他很唐突地問我：「在漢敦警察駕駛學校學到有用的東西嗎？」我說這學校不錯，值得香港派警官去學習。他反問我為何只說漢敦好，蘭開夏（Lancashire）的學校不好嗎？他這樣問，好像我在偏袒漢敦，而對蘭開夏有成見。事實上，我未到過蘭開夏。我回答說：「我沒有說蘭開夏不好。若你現在派我到蘭開夏學習，我便有一個正確的答案給你。」話畢，升降機剛好抵達五樓，我們便分手了。若是在現時的多層總部大廈，我們在升降機內的時間加長，他必定會有更多「難題」給我。

作者（右）與香港警察駕駛學校第二任校長陳寶光督察

不准騎電單車！

我不是第一名香港警官被派到英倫接受駕駛訓練的，但到英國接受高級駕駛訓練的香港警官，我是第一位。在我被任命為總考牌官之前，駕駛學校有一名督察級校長，他是二十多名警長或警目級的師傅。作為總考牌官，不是只坐在車內鑑別考牌者是合格還是不合格的司機。我的工作第一步，是與校長去確認以提高駕駛學校一般水平為宗旨，不但學生的水準要提高，師傅的技術更要提高。我為此編寫了一本手冊（見頁139插圖），向所有師傅解釋，讓大家跟着做。每天帶幾位師傅實習駕駛及作示範，使他們明白我們的要求，及增進他們個別人的駕駛技術。

當時，我們有一位負責管理駕駛學校的警司，對駕駛各方面都不熟悉，是我工作上的一大絆腳石，這是一件十分遺憾的事！我還沒有駕駛電單車執照，而校長曾任交通部督察，很有駕駛電單車的經驗。警司在我上任第一個星期便要我去考核駕駛電單車的警員，我只好表明自己從未駕駛過電單車。他給我的回答是：既然我有駕駛經驗，我大可以用「道路常識」去考核學員。這警司不接受我任何解釋，規定我在短期內兼任電單車考牌官。我無可奈何地，找着一名警長職級的師傅給我開設一個速成班。我從小便喜愛踏單車，所以對於駕駛兩輪車的平衡是沒有問題的，如是者，練習了四天後，便執行監考電單車的任務。雖然可以勝任，但對該

名警司的指令卻一點兒都不同意。我認為他應該給我多點時間作好準備。為了應付這電單車問題，及認識駕駛電單車於擠迫道路上遇到的種種潛在危機，我自費買了一輛一百立方厘米的日本電單車，天天疾駛於大小馬路上，以強化自己的「實戰」能力。我發覺一個現象，就是當我穿上制服，駕駛着警察電單車時，人人皆讓路，全無危險，暢通無阻，簡直是一種享受。但當我穿著便服駕駛私家電單車時，無論是哪種車輛的司機都不讓步，一路上危險四伏。所以我後來給我的兒女「立例」──不准騎電單車！

咬音不正嚇壞人

香港警察駕駛學校又是一個進進出出，人丁興旺的地方，無論是哪個級別的警官或警員，都要在這裏經過受訓，考牌合格才可以駕駛警車。我在此工作的日子裏，有機會結識了無數人。二零零七年，現居溫哥華的舊同僚跟我談起，有一位已退休的英籍高級警司對他說，一九六零年末期，他曾跟我學習駕駛警車呢！

除了有一個廣結人緣的工作環境外，我在這處更遇上另一件趣事：有一天，我正在「編更」（分發工作給師傅們），發現警察駕駛學校的二十七位同僚中，竟有二十三個不同的姓氏。在我記憶中，這些姓氏包括：李、王、陳、

何、張、姜、戚、柏、苗、傅、黃、郭、高、田、叢、繆、符、謝、童等，這些姓氏很多是與山東籍人士有關，而學校大半數的師傅都是「齊魯英豪」（山東籍）。魯籍警員比南方警員更能忍受困境，如在烈日下指揮十字路口的交通（那時路上設置的交通燈並不多），大多數是魯籍或印巴籍的警員。大概當教車師傅的生活刺激，魯籍人士又比較捱得住吧！

我在前面曾經提過，跟山東人用廣州話交談，像「雞同鴨講」（見本書第三章「金牌神鎗手李鉅能」一節）。一天，那位山東籍行政警長走進我的辦公室，對我說：「黃Sir，請你出去看看，有一架吉普車有很多『煙』啊，你想想辦法吧。」我說：「有『煙』便是機件不妥，把它駛往政府車房修理不就是了。」他說：「不是這樣，是很多『煙』呀！」我不明白他說什麼，便跟他一起去停車場看個究竟。抵達後，他指着一部吉普車說：「很多『煙』！是很多『煙』！」我瞧一瞧吉普車，根本連機器也未發動，怎會有煙呢？原來學校規定每一位師傅帶三位受訓學員，這輛警車竟擠滿五名學員，比規定的超出兩人，當然不合校規。老天爺，不過只是因為廣州話咬音不準，使他所說的「煙」，教人折騰了一陣子之後，才弄清是指「人」。真相終於大白，老兄，真的讓你嚇了一跳！

學員禦寒花款多

有一年，天氣開始轉涼，但警隊其時仍未換上冬季制服，出更時仍需穿著夏季短袖袖及短褲。當師傅及學員在路上駕駛着電單車時，飽受寒風刺骨，真是一件苦差事。我與行政警長提及此事，他毫不猶疑地說：「黃Sir，請放心。明早出更檢閱時，不妨留心看看。」次天，我真的發現一件有趣的事。天啊！大多數騎電單車的警員竟都穿上肉色無線縫的女裝玻璃絲襪，驟眼看來，既不容易發現又有防風效果。還有，有些警員在袖衫內胸前放了報紙，這樣便可抵住強風侵襲，以上兩種禦寒方法是很少人知道的，亦可反映到那些警員應付困境時是多麼的聰明和機智。香港警察條例並沒有准許男子穿女裝絲襪，或放報紙在胸前的規例，但也沒有明文提到這一點。我檢閱完畢後，一聲不發，心照不宣地讓他們照常出更。目睹眾學員身上那諸式禦寒玩意後，待我回到寫字樓後，即禁不住大笑一番。

四驅吉普車

所有警官警員，不論是駕駛大型貨車、中型貨車、吉普車（最普遍的警車款式）、房車，以及兩輪或三輪的電單車（摩托車），都要在警察駕駛學校考試合格。有些申請者以

沙拉迅裝甲車的外貌

沙拉迅裝甲車的內觀

為有了香港駕駛執照便可得到駕駛吉普車的資格，但吉普車與普通房車的性能大有不同，特別是選擇性的四驅車（兩種檔桿），入四驅（轉入四輪帶動）時不像現在的私家車那麼容易。這些吉普車（landrover，並非小型越野吉普車〔Jeep〕，那只不過是習慣叫法而已）出廠時，它的「回轉圈」（turning circle，扭盡駕駛盤的圈子）很小，當高速行車時，若把駕駛盤扭得急速，很容易將車弄翻的。因為有這危機，政府車房便把駕駛盤的「回轉圈」加以節制，使車輛不會因扭駕駛過急而發生意外。

採取上述措施有利必有弊，吉普車由於車身不小，在狹窄的香港街道掉頭時，本來已不容易，現在限制了「回轉圈」，車子掉頭便更加困難，需要把原來用「三點轉」（three-point turn）改為「五點轉」（five-point turn）才能完成。在緊急關頭，例如在暴動時調動車輛，或以此控制人群的行動，顯然比較困難。因此，訓練司機時，要求他們手法要靈活。基本的駕駛技術當然十分重要，駛前、倒後、泊位、掉頭、煞車，以及窄路行駛等等動作，都同樣不可忽視。試想在暴動期間，一旦遭受滋事者襲擊，車子因為控制困難而行車速度不夠快，是隨時會有生命危險的！

為了加強防暴措施，香港警察隊增加了一批一九五零年代英軍用的六輪沙拉迅（Saracen）裝甲車。此車可載八至十人，車身比警察用的大貨車還大，而且非常重。這裝甲車由幾位曾到英倫學習基本駕駛的督察操縱，有關訓練並沒有被

列入警察駕駛學校的範圍。

駕駛技術比賽

香港賽車會（俗稱「飛龍會」，因會章上刻有龍的圖案而得名，見下圖）每年會舉辦三次駕駛技術比賽，每次比賽大約有六至十項控制汽車技術的動作。根據汽車的汽缸大

香港賽車會會章

小或車輛種類，駕駛同類車輛的參賽者會被編排同組比賽。吉普車是被特別編為一組的，每次比賽必有英軍吉普車參加，奪標者若不是陸軍團便是防衛軍的司機，而警察從沒有派隊參加比賽。我認為香港警察應該參加這種技術比賽，一方面可以使警察司機提高對駕駛技術

的警覺，另一方面亦可提高警察司機的聲譽。此外，競技可加強司機的敏捷身手，使警車能在緊急情況下（如發生暴動時）可快速及安全地離開險境，這在上一節經已詳細述及，不贅。

我向負責管理駕駛學校的警司提議，讓我駕駛一輛警察吉普車代表警隊出賽，試辦一次，看看我能否把錦標從英軍手上奪取過來。經過多次極力要求，警司說他拿不準主意，要向高級警司請示。這位曾服役英軍的高級警司，聽罷便欣

作者駕警察吉普車參加駕駛技術比賽獲得的冠軍銀杯

然應允。我於是繳交了十元報名費，駛了一輛警察吉普車去
比賽，那警司當時亦在場「觀戰」。英軍及防衛軍用的是短
軸距（short wheelbase）吉普車，而警隊駕駛的是長軸距
（long wheelbase）吉普車。警隊的車身比較長了大概兩呎
多，控制上吃虧的，但我最終仍贏了冠軍錦標。

POLICEMAN WINS DRIVING TEST

Police Inspector George Wong, driving a specially constructed Fiat, won the final round of the Motor Sports Club's annual Driving Test competition held over the weekend at the Lyemun Barracks.

作者代表警隊贏了駕駛測試的報章報導

翌日，我回到辦公室，那位警司對我大聲咆哮：「這樣的技術比賽簡直是摧毀汽車機件！」我對他解釋，世界各地的駕駛技術比賽都是同一性質，若機件這樣容易損壞，則吉普車怎能在戰地的爛路上飛馳呢？但這警司竟充耳不聞，吩咐我以後不得再參加同樣的比賽。我問他，既然警察隊勝了，可否把那十元報名費退還給我？ 他一口拒絕。我一氣之下，乾脆將冠軍銀杯（見上頁插圖）佔為己有，現在還陳列在家中的錦標櫃內哩。

雷達測速器

我在香港警察駕駛學校期間，除了負責監考路試外，還要講課和準備筆試試題；此外，還要試用新運到的警車及儀器。有一次，剛巧警務處購入了第一部雷達測速器（通過放置於遠處的雷達去鑑定汽車行駛時的速度），我負責指導

警員操作該儀器。這測速器不如現代的雷達鎗這麼簡單，它是一件有如攜上飛機的手提行李般大小，而且重量十足；每次使用時，要用鐵架架設起來，放在路邊。放置鐵架的方向和馬路的角度是十分重要的，所以在啟動前大概需要費上十多分鐘來校準角度，一切校妥後便不能再作絲毫移動。這部雷達測速器，內有攝影儀器及時鐘，可把肇事車輛超速的日期、時間、時速，以及車牌全部印成照片。這測速器的雷達輻射線係從測速器發出，射線先投射到馬路上，然後反彈到車底，再跟原來路線彈回測速器，從而計出速度及開動攝影機的快門。若兩輛汽車同時到達，則測速器便無法指出雷達是反彈自哪一輛車。在這種情形下，有關資料都要作廢。相信於上世紀六七十年代在香港有駕駛經驗的讀者們，很多還對這種雷達測速器留有印象。

日本電單車

我駐守警察駕駛學校不久，香港警隊開始以日產的電單車取代英國的凱旋牌 （Triumph）電單車。凱旋牌電單車是三百立方厘米單汽缸的，馬力大，但車身重，給身材比英國人矮小的華人用，較難控制。日本電單車的價格亦比英國電單車便宜，難怪當年已開始在亞洲及世界各地流行起來。

有一天，駕駛學校來了一批日產電單車給我們試用。

這批一百五十至二百立方厘米的電單車性能不遜於英國製造的，它們車身輕，易控制，對一般警員確是很合適的，但對身材高大的我來説，則有人大車小的感覺。所以我喜歡駕英國的凱旋牌。當我離開香港警察駕駛學校時，日本電單車尚未全部取代英國電單車，所以我沒有那種「大象騎綿羊」的感覺。我在本章「不准騎電單車！」一節中提到，因為要充實自己的電單車駕駛技術，曾自費購買一輛一百立方厘米的日本電單車。這輛電單車的車身很小，騎上去時，常常會給朋友們取笑，問我從哪裏弄來了一輛兒童單車？

記得在試駛駕駛學校購入的上述一批日產電單車時，第一天便造成幾宗交通意外。當時，師傅們正試騎着我分發的「新車」，剛出校門便發生了三宗意外，有三位師傅竟不約而同地「人仰車翻」，原因是：日產的電單車與英國製造的構造不同。雖然英日的電單車的「轉波」（換檔）系統一樣，用鞋尖踏落是「轉高波」，用鞋尖踢上是「轉低波」，但是日本車「轉波」是用右足的，踏腳掣是用左足操控，這剛與英國貨相反，當師傅們「轉波」時卻變成煞掣，煞掣時轉上一檔，一時亂了，人便翻下車來。雖然出車前已向他們解釋清楚，但忽然的變更，一下子便忘記了指示。幸虧師傅們身經百戰，那次試車並沒有人受傷。反而我在示範時卻全無問題，因為我天天都駕着自己的日本車上班，俟返抵學校便換上英國車。故此，我對日英兩國汽車的性能絲毫不感陌生，都能操控自如。

哈夫林格（Haflinger）小型四驅車

翻車事故

　　有一天，香港警察總部送來了一輛小車叫我試駛。這是歐洲出產的小型四驅車「哈夫林格」（Halflinger，見上頁插圖）。這車像一張六人餐桌般大小，馬力亦不大，但因為是四輪帶動，在泥沼及沙地行走時會很受用。此車曾在警察總部大門的多級石級作上落示範，其性能備受讚賞。負責管理駕駛學校的警司叫我嘗試在新界的郊野及山坡駕駛這部四驅車，以撰寫一份關於汽車性能的報告。起初，此部四驅車在農地及崎嶇的山路上行駛自如，又可以在狹窄的通道穿插，確是非普通車輛所能做到的，尤其對急救或運輸是很有幫助，因為它可以拖一部載貨的車斗行駛。

　　當我把這輛四驅車駛到山坡時，因為草坡濕滑的原故，這輛車身甚輕的四驅車竟然從山上滑下，失去控制。與我一同試車的一位英籍督察，見形勢不妥，馬上跳出車外。他跳車時的力度順勢把車子再向下急推，導致車子翻側了。幸虧我沒有被車壓倒，立即關掉發火系統（ignition，亦即關掉鑰匙），以免把漏出的汽油燃點着，然後才慢慢地爬出來。幸好車輛沒有損壞，只花了港幣

POLICE HOLD CONTEST TO PICK OUR 'DRIVER OF THE YEAR'

THE Police Force soon will hold a contest to find the best police driver · and the winner will be named "Driver of the Year."

香港警察駕駛學校舉辦「本年度最佳警察司機」的報章報導

三十元，聘請兩位農夫幫忙把車子扶正，然後再駛返學校。

後來，我把全部過程向警司（即反對我參加駕駛技術比賽，及要我無牌考電單車的那位）報告，對這部四驅車的性能表示認同，但針對其車身輕，容易翻倒的問題，我建議加添一套配件單上列有的保護乘客鐵架（rollover bar）。但這位警司反說若我小心一點，車子是不會翻倒的。據悉，這類型四驅車後來在新界使用時，始終沒有裝上這重要的安全設備。

警察高級駕駛班

薛畿輔當了警務處處長後，很重視提高警察司機的駕駛技術，曾下令香港警察駕駛學校開設高級駕駛班。其中畢業的司機會被調到新創立的「熊貓車隊」（Panda Cars，俗稱「白門車」）。

這支車隊隸屬交通部，司機全是高級駕駛者。從他們的駕駛記錄可以看到，他們十分珍惜自己的資格，並為此自豪。為了增加他們的興趣，警察駕駛學校校長陳寶光督察和我組織了「本年度最佳警察司機」比賽，冠軍可獲銀杯一座。

成立高級駕駛班後，有兩件不甚如意的事情發生：負責駕駛學校的警司為了表現他對駕駛感興趣，竟邀請了兩位香港賽車會的英籍會員來校向師傅們講述安全駕駛技巧。這

作者（前排右三）攝於香港警察高級駕駛訓練班第三屆畢業禮上

作者（前排左三）攝於皇家香港警察駕駛學校N.C.O.高級班第一期畢業禮。其中有一名水警（第二排正中）。

作者為香港高級汽車駕駛協會在香港大會堂講課

簡直是長他人志氣，滅自己威風。警察駕駛學校的課程，是根據英國及香港的高級汽車駕駛協會的教學方法，加上我們的經驗及對交通安全的認識合併成為教材。我是英國及香港的高級汽車駕駛協會會員，經常在香港高級汽車駕駛協會講授安全駕駛技術，所以我認為駕駛學校的課程是足夠的。我亦是香港賽車會的資深會員，賽車是講速度的，從未聽過該會提倡安全駕駛。當時師傅們對此也不高興，最令他們大喝倒彩的是：當其中一名講解員駕車離開學校時，在眾目睽睽下，犯了一個安全駕駛的基本動作。當時該警司也在場，除了立刻阻止師傅們喧嘩及譏笑外，卻一聲不響地走了。若這兩位英籍人士是香港高級汽車駕駛協會會員，我倒從沒有在汽車安全駕駛場合與他們相遇。

　　第二件使我遺憾的事情是：高級駕駛班成立了，而且成功地訓練了不少良好的警察司機。有一天，警務處處長薩叔的秘書來電，囑我及校長去見處長。這樣的召見是少有的。當我和校長站在處長辦公桌前，薩叔毫不客氣地批評校長關於一件我全不知情的事（註：我在警察駕駛學校時曾先後有兩位督察任校長領導，現在所指的，是首任校長，即下文提到駕車載薛畿輔處長到山頂的那一位（見頁254「調離駕駛學校」一節）；第二任校長是與我一同辦「本年度最佳司機」的陳寶光督察。後者對提高駕駛技術則相當積極）。薛畿輔處長接着對我說：「你是總考牌官嗎？」我回答說：「是。」他說：「昨天有一名高級駕駛司機發生意外，他把

Commissioner's Commendation.

MR. WONG KI YAN, INSPECTOR OF POLICE

is hereby Commended for

FOR LEADERSHIP, DEVOTION TO DUTY AND PROFESSIONAL
ABILITY OF A HIGH STANDARD DISPLAYED IN THE INVESTI-
GATION OF A COMPLEX CASE OF CORRUPTION.

警務處處長嘉獎

獲獎人：

警務督察黃奇仁先生

於偵查一宗複雜之貪污
案件中，表現高度領導
才幹．盡忠職守與專業
能力。

一九七二年總部通令第二部
第二號頒佈

警務處處長
薛畿輔

Published as Headquarter Order No. 2/72 PART TWO,
dated 5TH JANUARY, 1972.

(C.P. SUTCLIFFE)
Commissioner of Police,

警務處處長薛畿輔頒予作者的嘉許證書

『熊貓車』撞向電車月台；我要你告訴我，這有何解釋？」我問他：「這司機自高級駕駛班畢業了多久？」他説：「四個多月。」處長還説三個月前，這司機曾被一名高級警司在一群高級駕駛司機中，隨意選出來作路試考合格的。我反問處長為何要我解釋這司機發生意外的原因，因為發生意外是有許多因素的，否則便不是意外了。我又問他為何不召見那高級警司來親自解釋。到此，處長已知理虧，不再説話，我卻忍無可忍地説了一句：「不公平！」這倒給他一個化解僵局的機會，他對我大叫，説：「你説我不公平？滾出去！滾出去！」我遂與校長離開他的辦公室。後來，我亦沒有因此受到任何處分。

後來我在反貪污部，因為調查一宗複雜的交通案件，得到薩叔的嘉許。嘉許證書上有薩叔的簽名，但他沒有親自頒發給我。

輔警考牌風波

在我未調往香港警察駕駛學校前，警員考到了警察駕駛執照，便可到香港政府牌照部領取私人駕駛執照，不需重複另考。無論是正規警察，抑或是輔助警察，很多警員都走這條捷徑，因此省了一大筆學車費，以及學車和等待考牌所耗費的時間。

有一天，來了六名輔警表示要考警車司機的資格。其中四位已擁有私家車牌照，兩位則沒有駕駛經驗。我如常指引他們逐位用吉普車考路試。記得當日情況真是驚險百出，他們有些差點兒撞到途人，有些甚至駛上了行人路，若我不及時用手糾正駕駛盤，便會撞向其他車輛或建築物。回到學校後，我問他們有否駕駛吉普車的經驗，他們都說沒有。我遂告訴他們全不合格，除非受過訓練，否則不必再來考試。

輔警是由自願輔助正規警察的市民參與，由一名輔警高級助理處長掌管，受警務處處長指揮。他們給警察部很大幫忙，如出更巡邏及保護群眾等。一九六七年暴動發生時，輔警對維持香港的治安有很大貢獻，所以正規警察在多方面都給他們面子。這次我一下批了六位輔警不合格，頓然掀起一場不大不小的風波。首先，管理輔警的正規高級警司質問我的動機何在；接着，我的上司要我從六人中把一半列作「合格」的司機。我向他們解釋，我真的不可以給他們合格，這批輔警沒有受過訓練便准予合格，豈不是正規的學員亦不需受訓?! 我說這是不公平的，加上司機若因技術不足而引起交通意外，受害者可能是他自己，或其他使用道路者，甚至禍及你我的親友。我反問對方，若這樣處理能否對得住自己的良心？那高級警司卻指輔警是有正業的，沒有很多業餘時間來接受長期訓練。我說我更重視交通安全，若有需要，我可以用自己的時間去教導他們。這高級警司倒很通情達理，不再與我爭執。而我的上司雖曾將我教訓一頓，但事後亦知理

虧，最終把這件事情擱置下來。

後來，儘管警員考得警察駕駛執照，亦不能用這資格來領取私家車牌照。

冤家路窄

一九六二年夏，我還沒有加入香港警察隊。當時，香港中環天星碼頭附近的泊車位剛新設了停車錶。裝錶後的第一天，我將開篷老爺跑車停泊在政府停車場外的泊車位，並沒有留意到新設的可入硬幣的停車錶。我的女友每星期都去九龍區上鋼琴課，因為時間還早，便在該處等候適當時間才渡海。為了消磨時間，我和女友便坐在車內閒談。其時有一位警員走過來，給我一張違例停車告票。我不知道犯了什麼規例，那警員便指着停車場的石柱後面，我才發覺那處並不顯眼的停車收費錶。我對警員説，今天是第一天實行收費，可否給我一個機會，這次不抄我的牌？ 他一點都不理睬地望着我們。我無奈地只好投入一個硬幣在錶內，繼續與女友閒談。不知為何，這警員竟站在我車邊聽着人家蜜運中的綿綿情話。由於他站得很近，我們認為他是故意要捉弄我們。我於是記下他肩上的警章號碼，便把車駛開了。那時我還沒有投身警隊的意念，也不知為什麼會瞄一瞄那警員的警章。童年時，家人常僱用「禮頓的士」。禮頓車房擁有十輛的士，

247

作者及其老爺車（右一）在中環統一碼頭輪等候渡海小輪的情況

車牌分別是四二五零至四二五九。這警員的號碼竟與其中一部的士車牌號碼相同。我的記憶力不錯，這個號碼便一字不差地印在我腦海裏揮之不去！

一星期後，我和女友乘坐開篷老爺車在統一碼頭排隊，等候汽車渡海小輪。那天車輛很擠迫，每一輛車都要爬行十數秒，長停幾分鐘才可以輾轉登上汽車渡海小輪。忽然，上述那名警員出現了，而且就站在我們車旁。我想，大概天星碼頭與統一碼頭都是同一「呲」（beat，崗位）吧。這次我見沒有犯規，所以沒有理睬他。當我將汽車駛前到下一處停留等候時，他又走上來站在我車旁；如是者三番四次他都如此，真的有點無賴。他這樣做，明顯地是故意作弄我們，令我們難堪。我不能把汽車駛離候船車列，因為我們要到九龍去；再者，若我駛離了，豈不是讓他佔盡上風？於是，我們故意大聲說話，指桑罵槐地揶揄那些沒有規矩、不懂禮貌的人，讓他聽了懂得知情識趣。

一九六九年，我在香港警察駕駛學校任總考牌官，從入學的警員名單中竟然發現這警員的章號。我見到這號碼，恍若「仇人見面，份外眼紅」，我當時想，一定要想辦法教訓他，但「公報私仇」是萬萬不可的。我被這件事纏擾了整整一個星期，終於給我想到辦法。

在這警員的整個學習過程中，我都不動聲色，如常地指導他；考牌時，他亦取得合格成績。最後一天的結業禮上，儀式簡單，我對行政警長說我要向畢業的警員說幾句話。

首先，我向當天畢業的警員道賀，叮囑他們不要忘記所學的知識和技術，要成為一個質素好而有禮貌的警察司機。接着，我說還有一句忠言送給他們，便是身為警員，要秉公辦事，不要濫用權力令大眾市民受到滋擾。我隨即把一九六二年發生的事，講給他們聽，並說現場有一人便是當日的警員。大夥聽後，於是紛紛你望我，我望你，猜不到究竟是誰。我接着指出，若然我是像那警員一般「小器」，我可擔保他在駕駛學校的幾個星期裏，一點也不好受，更可找理由批他一個壞的報告。

事後，這位警員並沒有來向我道歉，只是向師傅認了，並說：「這黃Sir 真好記性，好彩（幸而）他沒有因此事『鍊死』（掐死）我。」

我終生抹不掉的黑點

一天，警務處處長來到駕駛學校作例行巡視。我們一切都準備十足。據我所知，歷屆警務處處長都不常巡視駕駛學校，但這位處長很重視警車司機的駕駛技術。他參觀課室、檢閱車隊，又與師傅們談話，以及了解我們的教導方式、課程課本及助教器材：如放在課室內的汽車機器及機器模型，室內用的駕駛盤及轉檔的設備，自製的反應時間試測器等。

看樣子，警務處處長是十分滿意的。在他離去前，他對

警察駕駛學校的電單車師傅正在訓練學員

與一同來的「通訊與運輸」部總警司説，他要到扯旗山（太平山）山頂巡視昨晚發生警員受鎗擊事件的現場，着警察駕駛學校的校長與我及總警司一同前去。當天，「一號車」入了廠維修，因此處長便改乘一輛最巨型的美國「福特」房車，這車比「堪霸」闊大得多。

首先，他着駕駛學校校長駕車到山頂。校長於是將汽車駛上花園道及馬己仙峽道。到了馬己仙峽道，遇上一輛貨車在前面，速度很慢；快到避車處（現稱「讓車處」）時，校長響起了一下警號，示意該貨車讓我們先行。處長問校長為何要響號，校長竟説他並沒有響號。這時，同在車內的總警司亦説沒有聽到警號聲（這位總警司在二戰時曾是一位軍人，脾氣剛烈，不容易與人相處，對處長不甚尊敬）。警號是有按響的，但處長沒有問我，我便不敢發言。處長眼見他們一個個在説謊，便發怒起來，命令校長立即把車停了，改讓我駕車繼續往山頂駛去。

到達山頂時，發覺警員被鎗擊事件的現場是在裙帶路。這是一條彎曲狹窄的小路，在扯旗山頂以下大約二三百呎，環繞扯旗山一週（三百六十度）。很多人在這裙帶路上作步行運動，因為這裏環境幽美，環繞一週，又可以欣賞香港島東西南北的風景。這條路，除了警車，小型救傷車，小型消防車及有特別許可證的車輛外，其他車輛是不准駛進的。在我駛入這段路前，總警司曾指出我們的車身闊大，不適宜駛進這條狹窄小徑。但處長堅持要向肇事現場駛去。

警察駕駛學校室內授課設備

我駛了大約半英里路程，正在轉一個急彎時，即發覺前面地上有一個大約一呎乘一呎的大洞，我下意識地把駕駛盤稍為扭向左邊，以便避開那個坑洞。就是這樣一閃避間，車身近左後門擦着一處破爛的欄杆，嘎啦發出一陣聲響。我立即停車，只見車身剛才擦到的是從欄杆伸出來的鋼線，便說一聲：「Sorry，Sir（對不起，處長先生）．」這時，旁邊的總警司已沉不住氣，說：「為什麼要道歉，讓這樣大的車走進這樣窄的路，不撞才是奇事。」處長一聲不響，着我把車子開至鎗擊現場。視察後仍讓我把汽車駛回駕駛學校，由他的司機載他返回警察總部。臨走時，他叫我到交通部報案，將適才的小事故作交通意外辦理，我說下班後便去處理。

　　當天下午，處長委派他的司機（叢伯）來見我，說處長承認他自己亦要負責任，叫我不必報案。原來，這名司機先前曾向處長提議，因為車身沒有損壞，用些粗蠟刷過，便看不到痕跡。

　　這次我雖然沒有受責罰，但終於栽倒在薩叔手裏──身為總考牌官發生交通意外，是我一生抹不掉的一個黑點。

調離駕駛學校

　　在香港警察駕駛學校任職一年多，經我監考的學員不少，相信大概也有五百多位罷。除了入校受訓的警員外，還

圖為有關香港警察駕駛學校的新聞報導，左方小圖為作者。

有一些督察級以上的警官來學校受訓。他們多數已有幾年的駕駛經驗，領略性亦較高，所以他們來駕駛學校四至五天或一兩星期不等，目的是要使他們熟習駕駛警車（大部份是吉普車，亦有電單車，但很少是學習駕駛大型貨車的），以及消除他們多年的壞習慣，如單手駕駛、不用望後鏡，以及停車時不拉手掣等。

每天起碼有四至五小時，我是在馬路上駕車行駛或坐在各種警車裏。這樣，久而久之，我的身體終於受不了。開始時是感到背痛，後來蔓延至頸部及腰部，回家時躺在床上亦覺痛楚，失眠乃是常事。

起初，我不願找醫生求診，因為不想上司怪我藉詞離開駕駛學校。我相信很少督察樂意去駕駛學校任職的，而我自己亦不想放棄這份很有意義的工作，所以遲遲不去接受醫生檢驗。

後來，每當上落吉普車與大貨車時都感到吃力，迫不得已才到政府醫院求診。駐院醫生替我照了 X 光後，把我送到骨脊專科受診。專科醫生跟我談了半小時，獲悉我的工作環境後，遂寫了一張簡短的備忘錄給警察總部，示意我只可做案頭工作。就是這一張小小的字條，便結束了我的考牌事業！

在總部還未有決定前，我向幾位同僚提及我將會離開警察駕駛學校之事。結果，經其中一位高級督察向他的上司推薦，我便被調到反貪污部去接受新的挑戰。

08

反貪污，迎挑戰

反貪污部未獲市民信任

香港警務處反貪污部隸屬偵緝處,但與其他偵緝部門,如「環頭」(警區)偵緝部、掃毒隊,以及一般調查組等都沒有直接關係。反貪污部的目標是調查政府各部門的貪污及賄賂案件,和有組織與個別性的「收規」(收黑錢)罪行。反貪污部設有小組分別調查不同的部門,如警察部、小販管理隊、工務局、勞工處,以及私人機構等,亦另有小組專門去調查警察部的大規模部門,如交通部。反貪污部是警察部門,該部門內的所有探員都是警務人員,他們被調入反貪污部不是終身在此工作,大概數年後便被調回「環頭」。當時,香港市民多不信任反貪污部,認為一定有官官相護的情形存在,以及每位探員工作起來多少都會有顧忌,將來調返「環頭」時,因為恐怕受其他同僚報復而不願盡全力去工作。一九七四年二月十五日,廉政公署成立了,它並不隸屬政府公務員架構,廉政專員直接向香港總督負責(香港回歸後,直接向香港特別行政區行政長官負責),廉政公署的僱員與警察部全無關係;廉政公署通過封法、預防及教育等途徑維護公平廉潔的社會,這才挽回廣大市民的信任。

調任新職斷六親

以前，我執行的全是軍裝工作，一九七零年十一月被調入警務處反貪污部後，我第一次成為雜差幫辦（偵緝督察）。在很多人眼裏，認為雜差比軍裝威風得多，好像在同階級中，雜差是比軍裝高一等的，這其實只是一種錯覺。無論是軍裝或雜差，都有很能幹的警務人員；反而最大分別的是，在裝束上，雜差行動比較自如，穿便服不會被人一眼就看出是警務人員；軍裝人員則因平時曝光於天下，一言一行都要尤其注意維護警隊的良好形象，這方面的壓力當比雜差更大。

在我被調到警務處反貪污部前，我的工作容許我認識為數不少的各級同僚，亦結識了許多朋友。反貪污部的工作竟把我和他們的「交情」一掃而空。同僚在工作上都不希望見到我，在社交場合亦更要避嫌，即使是普通交談，也不知從何説起。若是告訴我他買了一輛新車，又怕我會開新「快路」（file，檔案）去調查他的金錢來源。我的工作單位被警方其他部門人員稱為「棺材舖」，因為我可以隨時給他人「釘蓋」（一經治罪，永不超生）的，真是人見人怕。

一天下班後，我駕車到九龍城警署找一位同僚聊天。剛

交通部貪污案的報章報導

200 traffic police in bribe ring
COURT TOLD

IN a shock statement in Victoria District Court yesterday, it was revealed that 200 traffic policemen were allegedly involved in a vast graft racket.

Insp. Wong Kei-yan of the Anti-Corruption Branch was giving evidence against two traffic policemen who denied 10 charges of corruptly receiving money, when the evidence was given.

The Constables on charge are of the **Kowloon traffic office.**

In a statement at the Anti-Corruption office Insp. Wong alleged that ____ said he collected money on behalf of Kowloon traffic policemen.

The money came mostly from lorry drivers and shop owners in Kowloon.

哄動一時的交通部貪污案，涉案交通警員達二百名。

駛進警署的停車場，便感覺到有些不妥。不知道在場的人是先認出我的私人房車，或是先認出我的面孔，各人都好像停了一停，凝望着我。當我走進警署內時，和我打招呼的人都好像很勉強。見到同僚時，他亦露出一點難堪的表情。可能在我離開後，會有人（甚至他的上司）問「棺材舖」剛才找他有什麼重要事情。經過這次後，我盡量減少在公共場所與警務人員會面，以避免無緣無故地令他們感到尷尬！

交通部貪污案

一九七一年二月至四月期間，我帶了一班警佐（警長和警目）及警員，徹底地調查一宗有組織的、複雜的交通部收規（受賄）案件。經過多天的跟蹤，拍攝電影及照片，用「針」（介紹線人者）和線人聯絡（線人有時是要用「針」引領的），拘捕了兩名做「卻（讀高音）水仔」（收黑錢）的警員，證據確鑿。在法庭時，被告人爆出驚人內幕，本案受牽連的交通部人員竟達二百名。此案案情後來刊登在香港英文報章成為頭條新聞，而案中兩名被告亦因罪名成立，被判入獄。不久之後，我移民到加拿大，有一家華文報章竟報導我離開香港的消息，並暗示我移民是為了逃避報復，但這種報導是不正確的，因為我到彼邦的原因是受聘於皇家加拿大騎警。

烏龍檢察官

在上述轟動一時的交通部貪污案中，共拘捕了兩名警員，收集證據後，他們各被控十二項罪名。在列出罪名時，通常是把證據比較充足及容易成立的控罪放在前面。主控的律政司署檢察官，是一名初到香港上任的英籍年青律師。這宗案件非常複雜，開審時，法官認為控罪太多，費時太久，着主控官撤銷每人七項控罪，先審五項。這名主控官竟不問明究竟，便示意撤銷每人前面的七項控罪。我坐在他身旁，提醒他要撤銷的是後面七項，可他並不理我。我一時情急，大力拉他的黑袍，他反手撥開我的手，叫我不要防礙他和法官說話。他的學歷比我高，職位亦在我之上，我只有讓他決定。當天退堂後，他發覺把證據最有效的罪項都撤銷了，於是大罵我不該把那些罪項放在前面 。我亦非常氣憤，辛辛苦苦得來的證據，就這樣被他消滅了，便問他道：「先生，請你告訴我，開庭前你有沒有看過檔案？」他愣着了，推說那些檔案是我預備的。我指出他若沒有看過案情，怎可以上庭作主控官。我回到警務處反貪污部後，果然遭到上司質問此事，即使解釋也太遲了。幸而那沒有被撤銷的五項控罪，亦足夠使這兩名警員成罪，否則我勢將被批評「失職」。後來，這位檢察官很大方地向反貪污部道歉。多年後，我問及他的近況，此君已成為高級檢察官了。

鉛筆案

當年一位與我同一個辦公室的同僚，曾經揭發一宗很具戲劇性的案件，現在回憶起來，深感「賊公計狀元才」，怪事儘管常見，但有時亦會令人大開眼界。

我那位同僚當時是一名督察，他有次在調查一宗交通案件時，發覺肇事司機竟是文盲，一字不曉，除了自己的姓外，其他一個字也寫不出來。於是盤問他昔日是如何在交通筆試中取得合格成績，從而獲取駕駛執照。結果，他供出是花了港幣三百元（這在當年可不是一個小數目），由教車師傅幫助他去應付筆試的。這裏要説明一點的是，那教車師傅不是代他考筆試，而是事先向某方面買入一枝內有玄機的特別鉛筆。

那時的交通筆試和現在的沒有多大分別，每道試題約有三至四個答案供考生選擇，考生需要用鉛筆在認為正確的答案前打一「×」符號，數十條試題答中多過半數便算合格。師傅沒有教他識字，但可以教他怎樣去劃符號。

這枝特別鉛筆的筆桿呈六面體，上面刺上了無數針孔。每一面都有標記，第一面是甲，第二面是乙，直至丙、丁、戊、己等。針孔從鉛筆上端，或一或二或三的整齊地排列着。第一排代表試題（1）的答案，如此類推地向筆

與鉛筆案中證物類似的「特製」鉛筆

尖依次呈現。若試卷有四十題，那第四十排的針孔便是試題（40）的答案。若第一排有兩個針孔，便在試題（1）的 'B' 答案處劃上「×」符號；若有三個針孔，便把交叉劃在 'C' 答案處。這樣，四十條試題便有四十個答案，而且清清楚楚地刺在鉛筆筆桿的其中一面。這支鉛筆的筆桿共有六面，這表示考牌部有六套試題，每次用一套不同的試題給考生應考。

至於買了這支作弊專用的鉛筆的考生又怎知哪一面的「答案」有用呢？答案是：考場是有內應的。當筆試開始時，執考官按習慣會巡視考室，每逢見到用特別鉛筆的考生，便輕聲叫他用某一面。若這次考試是用「丙」試卷的，執考官便指着鉛筆的「丙」面，叫考生跟着針孔的數目來劃 'A'，'B'，或 'C' 等答案。

以「甲」試卷第三條問題如下為例。

（3）消防局門前亮起兩盞紅色閃燈表示：

A. 有消防車駛出；

B. 有消防車駛入；

C. 消防局內有意外。

那麼，鉛筆「甲」面的第三排會有一個針孔，因為 'A' 是正確答案。

若「乙」試卷第九條問題是：

（9）法例規定私家車最少要安裝幾塊望後鏡？

　　　A. 一塊；

　　　B. 二塊；

　　　C. 三塊。

那末，鉛筆「乙」面的第九排便會有兩個針孔，因為　'B'
是正確答案。

　　每面鉛筆的答案不是全中的，否則會引起改卷者的猜
疑。但跟着鉛筆的指示去做，一定能夠答中大部份試題，足
以使到考生合格。這種作弊辦法是由一個集團經營的，成員
包括考牌部人員、教車師傅和穿針引線的經紀等。我那同僚
在是次筆試進行中，帶了大隊警員將這個犯罪集團一網打
盡。

上司的跑車及快艇

　　我覺得自己比其他人更多機會去碰到要特別處理的
事情。不知是否我乃「火麒麟」（「火麒麟——周身引
（癮）」是廣州俚語，意指興趣廣泛）的關係，大小事物無
論是與工作有關或是耍樂玩意，我每每略知一二。每調到一
個「環頭」，都很容易引起「大老闆」（最高領導）的注

意。在警察訓練學校時如是，在油麻地警署亦一樣，在防暴隊和警察總部也不例外。後來在加拿大騎警工作時，也常常從多倫多到渥太華，為高級長官們做點份外的差事。

調入香港警務處反貪污部，我不想太引人注目，故把不少活動的興趣都收斂起來。不知是誰告訴反貪污部的總警司，我對汽車有特別興趣，而這位總警司的性格亦十分好動，很愛駕駛跑車和快艇。由於他的「迷你谷巴」機器是很難調校的，故不易發揮最高性能。一天，他對我說起，問我可否為他的車子「校車頭」（tune up）。我做了一次調校後，他感到很滿意，以後每逢車子有問題都來找我。這只是舉手之勞，只要他表滿意我也樂意助人。

一天，這位總警司對我說，他有一艘快艇，放在深水灣皇家遊艇會，即深水灣高爾夫球場入口對面 。由於這遊艇會是沒有碼頭供他的小船停泊的，故此，他的快艇只可以放在停車場內。每次下水，便要找會內的工作人員，把快艇沿着下水的斜坡抬入水裏。這艘快艇的重量不算很大，但抬起來亦很費勁。他給我看一段刊登在快艇雜誌內的廣告，圖中有一架運送小艇上水和下水的兩輪車架，可以放快艇在車架上，兩人便可把車架從斜坡推下水。到達深水位置時，快艇便自動浮離車架，用來上落船隻非常方便。他說若從外國運來一架，價錢相當不菲，問我可有什麼其他解決方法？我拿了圖片到灣仔的小型鋼鐵舖，叫他們按照樣辦製造一副車架，然後買了兩個迷你車的車輪，架上一根橫軸，裝在車架

下，便成為方便快艇上落水的好工具。後來這位總警司對我說，這樣自行訂造車架只花了幾百元，若從英國或美國運來一架，非五六千元辦不到。他更說，遊艇會的朋友亦想照樣造呢！

一生難免會遇上一些好人或者壞人，這是無可避免的。若能本着自己的良心，盡量利用自己的才幹幫助別人，不計較酬勞，不怕吃虧，將來必有好報！

睇風水

當我在英國受訓完畢前，一位從非洲來的同班同僚（與我一同入香港警察訓練學校）寫信告訴我，指有兩幢位於香港柏道的督察宿舍行將落成，我是有資格申請入住的。如果我想遷進新宿舍，他可以代我申請。我當然希望搬進這簇新的居所，於是請他代勞。果然，在我人還沒有返到香港時，便已收到批准搬入新居的通知書。不久，我的同僚便幫我把傢俬雜物從舊居搬到新居去。將近兩歲大的女兒及家中女傭，就在我與太太回港前已遷入新居了。

新居的位置是我的同僚替我們抽籤選到的，它面對着香港名流余東璇的古堡式別墅。我們在新宿舍住了一年多後，一名下屬提議我找一位先生上門「睇風水」（勘察風水）。我本來是不信風水的，但聽到很多人的靈驗經歷，加上這位

下屬說他要介紹的風水師傅是蔡伯勵先生，在業界中是頂尖兒人物。此人擅於編寫通書（《通勝》），連偵緝部的總華探長及高級警長（雜差咩喳）都很相信他。既然盛情難卻，我便答應下屬，叫他代我邀請蔡伯勵先生來我家看看。

蔡伯勵先生是香港很多人都熟悉的風水大師，非常忙碌，他肯前來我家勘察，真令我感到榮幸。

記得當日，蔡師傅首先到大廈四周用羅庚測度，然後入屋內逐處細看。他在主人房內逗留了大約半句鐘，畫了幾張平面圖，然後對我說：「我想找一個放主人床的吉利位置，但我無法找到，容許我回到我的辦事處，再詳細計算。七天後，我再來給你一個方案。」我很欣賞他這不苟且的工作態度，像他這樣忙的業界翹楚，竟為我費了這麼多的時間。

一星期後，蔡師傅再來見我，重新在我居所內外察看一番。過了大概一個小時，他對我說：「你這所房子風水欠佳，不過我知道你不能搬遷的，所以我提出一些折衷辦法：第一，你不能睡主人房，因為我找不到一個合適的擺床位置。你應該搬到尾房去，並且讓你的兒女住在主人房。」我問他：「若這主人房對我不利，那麼對我的兒女沒有壞處嗎？」他回答說：「我看風水是為一家之主的福利，所以我提議你住尾房，你的兒女住不住這裏，由你決定。」我說我一定不讓兒女住這房間，請他盡量找一個較好的放床位置。於是，他選了一處我認為最不該放床的地方——因為當房門打開時，走廊通道上的人都可以瞧見床上的人。

蔡伯勵師傅又說，我的宿舍面向西北，西北水弱，是不會發達的。我說我是公務員，沒有想過會發達！他說他不欲與我深談此事，只着我自己琢磨他的評語。說完，他再帶我出陽台，指出我居所前面對着的是一位富貴人家的古堡式別墅，殺氣很大。如要解去惡運，便要在陽台擺放一個魚缸，缸內放上六條金魚，死了一條便補充一條，使魚缸內常常有六條活生生的金魚。他建議我在廚房另置一個大缸，以供放入大量的後備軍（金魚），隨時準備調動到陽台上那大魚缸裏。請讀者們不要以為我在說笑，若我跟着蔡師傅的話去做，把每星期死去的十條至十二條金魚補充空缺，大家不妨計算一下，若長時期這樣做，莫說不會發達，單是買金魚不令我破產已是萬幸了。自從蔡伯勵師傅來過勘察風水後，我們一家在這房子住了不夠一年，便移居加拿大了。

　　在這宿舍居住有沒有不如意的事發生呢？答案是：有。自我從英國回來，住在這房子大概五個星期，我的父親便因病逝世；其間，我和太太的身體又見不少病痛，有一次兩人更同時染上了流行性感冒，而且病了許久才告痊癒；我的背部常有持續性的隱痛，直至遷去加拿大才完全消失。還有，我搬出後，繼我住在這宿舍的一位督察亦有不幸的遭遇。後來再返香港，我發現那座「余園」早已被拆卸，希望我們住過的那幢宿舍從此能轉運吧。

09

皇家與我

招攬香港警隊人才

二十世紀六十年代，加拿大人對中國人的認識所知有限，他們以為華人只是擅於經營餐館和洗衣店而已，其他卻一概不知。早於中華人民共和國恢復聯合國合法席位前，加拿大已承認對方是中國的唯一合法政府。與加拿大許多政府公務員一樣，皇家加拿大騎警對中國人的認識不深，而本地的華裔居民又沒有警務經驗。因此，加拿大需要招募具工作經驗的警員以彌補這方面的不足。可是，若訓練本地華人，則需時太久，未能及時滿足現實需求；再者，大多數年長的華僑的英文程度不夠，年青的土生華人又欠缺有關中國的語文、文化和歷史等方面的了解，所以便只好「向外招兵」（註：一九六零年初，曾有一批警佐從香港被借調到加拿大，幫助調查非法移民，幾年後才返回香港。其中有數人後來留在加拿大繼續為騎警工作）。

一九六零年後期，有關的招募條件變得較嚴，他們需要聘用督察級以上的警官，應徵者要有曾在偵緝部或政治部工作的經驗，諳熟英語、普通話及廣州話。儘管皇家加拿大騎警是在亞洲各地招募人才，但最終只在香港找到最適當的人選，而全部受聘者的都是香港警官。

加拿大騎警越洋招聘

　　我父親於一九六九年逝世後，母親不願留居香港，便遷移到加拿大多倫多市，與我大姊一家人同住。她還有一個心願，就是希望我能舉家都移民到加拿大，以便老幼團聚。當時，我與太太也有這個想法，只是等待機會罷了。

　　一天，母親從多倫多打電話給我，問我有沒有頭緒何時能搬到加拿大。我對她說，若我現在移民到加拿大，不一定找到工作，還是讓我在香港工作多兩年，儲多些積蓄，到了加拿大，就是「吃穀種」也可捱上一兩年。母親表示在經濟上可以資助我（父親生前是一位銀行家，母親是有一定的積蓄），一方面可以使我那年幼子女早些習慣加拿大的生活，另一方面是她老人家還是希望跟兒子同住。這是中國婦女的傳統思想，即未嫁從父，出嫁從夫，夫死從子是也！我不願用她的錢，只對她說我會考慮一下。

　　命運是不由個人主觀意志去安排的。一星期後，有一位警校十三班與我同窗的同僚對我說，他有一位騎警朋友在香港加拿大移民局駐守，加拿大騎警正在招聘香港的警官到彼邦工作。他知道我想去加拿大，便問我有否興趣考慮投考。於是，我着他替我報名。一九七一年三月，一位騎警督察來到香港進行招募面試。同年十二月，我便與家人到達加拿大，我工作的地方是多倫多市南安大略省騎警總部。這樣一來，我亦順理成章地達成了母親欲跟兒子終老的願望。

藍袍脫去換紅袍

所謂「藍袍脫去換紅袍」，只是〈稱骨歌〉中的一句說話，但與我扯上關係便顯得十分巧合，值得玩味。

我們兄弟姊妹八人，從小便喜歡看《通勝》，內裏有中國傳統哲學的民間指南、「小兒受胎圖」、「周公解夢」、「諸葛神算」、「金錢卦」等等，其中我們最感興趣的是〈稱骨歌〉。〈稱骨歌〉是用個人的生辰八字（即出生年、月、日及時辰）來算出每人出生時的「骨格重量」。骨格最輕的是二兩二錢，這人的運程最差，〈稱骨歌〉給他的評價是「淪為乞丐」。大致上骨格越重的人，「命水」越佳，但並不是一定的。骨格每次加重一錢，如二兩二錢，二兩三錢等，最重的可達七兩一錢。每重量有一首四句詩來「批」這人的「命」。我們從父母處拿到生辰八字，嘗試「稱骨」，鬧着玩地預測自己的命運。

以下列出最輕和最重的骨格及其四句詩以供參考：

二兩二錢

身寒骨冷苦仃伶
此命推來行乞人
碌碌巴巴無度日
終年打拱過平生

稱骨歌

身寒骨冷苦伶仃

此命推來福祿無度日

此命推詳細如冰炭

六親骨肉福祿微

六親衣祿苦中求

平生作事似飄蓬，名姓

離祖出門宜商量

一馬單鎗空做去

一匹……名段

若初年運不通，到四旬末方可立

此命推來行乞人

求謀做事難成散

門庭困苦似老翁

流到他鄉總難榮

別求他作……

一世勤勞自把持

獨自營謀夢一場

晚來衣祿總無長

難靠祖宗自成家

祖業須微……歲月

縱有功名……姓……後成良

夢憂碌碌苦中求

若保終身勤與儉

忙忙碌碌苦中求

難得祖業基家食難立

初年作事事難成

半世出家氣果旺

到老衣食自然……

此命福氣果旺

雖是平生勞碌命

生營作事宜守命

不須勞碌過平生

此命祖業須微有

一身骨肉最清高

待到年將三十六

東奔西走何日休

何日雲開見日頭

中年衣食漸如水流

老來稍可免憂愁

終朝拜佛念彌陀

後道勤門……

僧門振基覺從前

百計勤勞得祿金

那時財源如水流

漸有……

祖業衣食少傳

時君得明時自張

獨自行去自成家

祖業衣食福少……

終……基福衣念……

早入賢門姓氏標

弟兄少力自張行

……

一身骨肉最清高

籃袍脫去換紅袍

刊於《通勝》內的〈稱骨歌〉

七両一錢

此命生成大不同
公侯卿相在其中
一生自有逍遙福
富貴榮華極品隆

我的「骨重」是三両八錢，相應四句詩的內容如下：

一身骨肉最清高
早入黌門姓氏標
待到年將三十六
藍袍脫去換紅袍

這是一個不錯的批命，但請看後面兩句，其巧合性使我覺得簡直不可思議。我在香港警察隊服務至三十五歲，跟着便加入皇家加拿大騎警工作。我是一九七一年十二月離開香港的，香港警察冬季制服是深藍色的，而加拿大騎警的制服是鮮紅色的。詩中竟直説我「年將三十六，藍袍脫去換紅袍」，若説這〈稱骨歌〉是鬧着玩的，沒有科學性，可這番巧合又實在耐人尋味。

我與皇家有約？

這又是一些巧合的事，說出來聊博讀者們一粲而已。中學畢業後，我的第一份工作是在畢馬域會計師行當見習會計。這會計師行是皇家香港賽馬會（Royal Hong Kong Jockey Club）的司庫，每個星期六，我們都要到跑馬地賽馬會工作，可以說是我第一位僱主已有「皇家」的意味。到了香港警察部工作，沒想到一九六七年暴動後，香港警察加了「皇家」的名銜，成為皇家香港警察（Royal Hong Kong Police），我的第二份工作亦有「皇家」關係了。第三份工作是皇家加拿大騎警（Royal Canadian Mounted Police），更脫離不了「皇家」二字。一九九三年，加拿大一家最大規模的銀行，給我一個優厚條件，聘請我為他們任商業調查罪案的工作。讀者們，請猜一猜這銀行的名字。不錯，正是加拿大皇家銀行（Royal Bank of Canada）。我一生曾先後服務過四個大機構，每個都不離「皇家」二字，難怪我太太打趣地指我有「皇家血統」。

再說，我姓黃，黃帝被公認為中華始祖，黃姓作為中華一員，說是黃帝的後代亦未嘗不可。然則，這豈不是又多了一個「帝皇」關係嗎？難道我真的是與皇家有約麼？奇哉！

再見，皇家香港警察

我在香港出生、長大、讀書及工作一共三十五年，忽然離開這根源地，遠洋到加拿大謀生，人生的路程是不能預料的。這轉變給我的家庭及自己一個上進的好機會，開始一個新生活，又可以侍奉母親至天年，實在是無憾。

但是，我離港時的心情是十分沉重的。雖然在香港是寄人籬下（回歸前受英國統治，工作上司是英國人），我依依不捨的不是我的工作，也不是香港的生活環境，而是我這麼多年結識的朋友，以及與我在警察部一同生活和工作的一眾同僚。現在回顧起來，我在皇家加拿大騎警工作二十三年，在皇家香港警察只服務了八年半，但後者卻留給我刻骨銘心的印象。

當飛機離開啟德機場跑道，正要沖上雲霄時，我不期然地向下望，彷彿見到上千百計的同僚正在街道上行「咇」。當高空的雲層快將溜到飛機下面時，我心中默默地說：「再見，皇家香港警察！」

當差生涯從此結束

皇家加拿大騎警成立於一九一九年，它的前身是西北騎警（North-West Mounted Police）。坊間有很多故事是關於騎警的，其中最著名的，是「騎警一定抓到他們所要的人」

作者於一九七一年離開香港時，眾同僚前來送機。

（'The Mounties Always Get Their Man'）這個典故，它反映了騎警做事不懈，勇往直前。最著名的騎警故事發生在一九三一年，有一名為阿爾伯·莊信（Albert Johnson），綽號「瘋狂的捕獵者」（Mad Trapper）的人，在加拿大西北部冰天雪地處自蓋小木屋居住，他不去申請捕捉動物的牌照，還常常毀壞當地印第安人的狩獵工具。騎警派員調查他時，彼此發生鎗戰，有警員慘遭擊斃。當時詳細情形及拘捕情況的新聞片段每天都在廣播電台播放，成為全世界的大新聞。拘捕莊信的行動持續了一個半月，搜索部隊動員人數從一小隊增至數十警員，並派出四十二條警犬及一架小型偵察機。莊信在雪地上行走迅速，最引人入勝的，是他把在雪地行走，與網球拍形狀大小相似的雪鞋掉轉方向穿上，使騎警看到在雪地上的

圖為與一九三一年加拿大逃犯莊信為逃避騎警追蹤所穿著的類似的雪鞋

足印，以為他朝東面走，而實際上是向西方逃跑。經過多番鎗戰後，莊信終被騎警擊斃，在他身上搜出二千四百多元的銀幣（在當時這是一筆極大的數目），但他的真實身世至今仍是一個謎。這個故事後來被拍成電影，反映出騎警的忘我徹底的工作精神，贏得傳誦一時的「騎警一定抓到他們所要的人」這美譽。二零零七年，騎警掘出莊信的屍體作化驗，希望以先進的科學技巧找出他的真底細，結果尚待公佈。

圖為皇家加拿大音樂騎術隊成員倫‧賈爾士（L.N. Giles，左二）及其坐騎金塊（Nugget）於一九六二年八月與隊友表演時攝。賈爾士曾任皇家騎警駐香港連絡專員。調回加國後，一度是作者的上司。

與作者共事於多倫多，後調任新加坡的音樂騎術隊警員京頓（B.W. Kingdon）與坐騎那特（Natt），一九六五年攝於首都渥太華。

皇家加拿大騎警排陣準備演出音樂騎術 （Musical Ride）

皇家加拿大騎警還有兩件與警務不甚相干的事，但卻使他們揚名世界的事跡：其一是上了年紀的讀者或會記得一齣於一九三六年攝製的美國電影，名為「玫瑰瑪莉」（Rose-Marie），劇情描述一名騎警警員的愛情故事，多年後仍受觀眾（尤其女界）歡迎，使騎警名聲大噪；另一件便是到世界各地表演的皇家加拿大騎警音樂騎術隊（Musical Ride），在國際場合讓觀眾欣賞他們的騎術，好像公關大使般，讓皇家加拿大騎警名揚世界。

皇家香港警察與皇家加拿大騎警的工作方式及處事觀點各有不同。香港警察紀律嚴明，凡事都要「做足一百分」。在香港，上下班的時間一定要準時無誤；在多倫多，因為交通不可預測，及冬季天氣（下雪、降落霜、降冰雨等）關係，上班遲到半小時至一小時也不太打緊。在香港，如有颱風侵襲或特殊環境（山泥、洪水等），全體警務人員（便裝與否）都要到警署或自己單位當值候命；在多倫多，若有大風雪來臨的預報，則人人提早收工。所以很多情形下，我回家的時間比為人師表的太太還早，使我不禁有「官仔當差」（少爺當警察）的感覺。在香港，當做事未盡全力或出錯時，「分分鐘」（隨時）要寫口供解釋；在加拿大，倘辦事不周，會常聽到上司說：「錯了嗎？我們又多了一個學習的好機會」（We learn from our mistakes）。畢竟，大家的文化背景和生活節奏都不同，香港的工作是緊張的，相比之下，加拿大的工作就輕鬆多了。

我加入皇家加拿大騎警後，名義雖是「特警」（因我沒受過當地警察訓練），工作及權力與正規騎警無異，佩槍及拘捕權都一樣，就連身份佩章亦與正規警員相同（見下頁插圖）。開始時，我在皇家加拿大騎警的薪金與警目（corporal）的沒有多大差別，但數年後，卻因加薪措施修改而轉變了。有一年，正規警員與特警一同加薪後，前者再另加五百元加幣。這樣一來，我的薪金便比警目的稍低，而導致我不能進入警目俱樂部及參加警目會的活動。當時對受到這樣的待遇感到很氣憤，好像我們「特警」的智慧也因而貶值了。我遂向上司提出投考正規警察的意願。經考試後，騎警總部認為我的成績超越要求水平，故准我插班立即受訓。我對上司説：「我這樣做，是想看看你們的水平達到什麼程度，現在我既已有答案，知道自己的本領有多少，那末，不轉為正規警員也罷！」

　　多年後，我從騎警轉至加拿大律政司的特別部門（班底仍是來自各階級的騎警），與另一位來自香港警察隊的騎警同僚，連續兩年被評定為專家，可領取比舊騎警較高的專家年俸，總算沒損香港警察的聲譽。

　　一九七二年九月五日，在德國慕尼黑舉行的奧運會發生選手村大屠殺後，我參加了「神鎗手」選拔活動（騎警對付恐怖份子的一項措施）。結果，在三百碼射程用長鎗射擊目標的測試中，獲取命中率達百分之九十六的佳績。一九七五年至一九七七年，我亦憑此成績擔任騎警設於南安大略省的

作者在騎警工作時的佩章，退休後，騎警把它製
成紀念品發還給作者。

靶場的主任一職。

在騎警工作時，我曾與美國聯邦調查局策劃破了一宗不尋常的案件，得到他們頒發獎狀。後來更被邀請到美國為聯邦調查局、中央情報局及其他部門講述破案經過。

一九九三年，加拿大皇家銀行特派專人與我接洽，以不俗的受聘條件邀請我為他們工作。加入該銀行後，我曾參與調查「洗黑錢」及「與信用咭有關」的案件，更兼任加拿大皇家銀行總裁的私人保安員。但我在皇家銀行只服務了三年（其中亦有被邀請回騎警講學），原因是：自從我破了大案件後，遭到一些同僚妒忌，使我對這份工作的滿足感頓然失去；我想，自己在工作上倘若「功高蓋主」，上司原來也會對你產生顧忌的。

離開加拿大皇家銀行後，我被律政司處重聘直至本世紀初為止。眼見兒女已長大成人，各有穩定的職業，太太亦已退休，於是下決心從此退出「當差」的生涯，從事業餘式的歌曲創作和歌劇寫作。並在多倫多北郊一個湖邊購置產業，與太太用圓木自建一幢佔地面積三千多平方呎的房屋。除了土庫凝結、外殼及屋頂係聘請專人建造外，大凡安掛門窗，鋪設電線水管，裝嵌廚房和浴室的潔具都由我一手包辦。另外，我還與太太一起鋪地板，砌磁磚等。退休至今，不知不覺已有七年了。目前，我閒來與結婚四十多年的妻子泛舟湖畔或作斜陽垂釣，或與兒女子孫同享天倫之樂，過着安靜舒逸的生活，夫復何求？一生無憾也！

作者與太太於多倫多興建的湖邊別墅

作者「全家福」。後排左至右：女婿Brad Newhouse，女兒黃寶華，媳婦潘潔怡，子黃共傑，大孫女黃襄明。前排左至右：作者，孫男黃襄賢，太太何靄雲，小孫女黃襄正。

後記

　　一九八八年，我和家人重臨香港度假，友人設宴邀請舊同僚為我接風。想不到在十多位赴宴的舊同僚中，有三位後來飛黃騰達。李君夏先生於一九八九年榮任香港警務處處長；黃燦光先生後來獲委任為警務處副處長一職；程國灝先生榮陞為警務處高級助理處長。同年，我被邀請參觀防暴隊畢業典禮時，與許淇安先生一同拍照；許先生是繼李君夏先生於一九九四年榮任警務處處長。想不到，回到香港短短三星期內，我已先後與警務處四位未來的處長級高官以及眾位舊同僚重逢，幸甚幸甚！

　　劇終自然要落幕，無論本書寫了多少萬字，最後亦要收筆。寫了在皇家香港警察隊「當差」八年半的經驗，少不免浮想連翩。

　　警察的工作是很有意義的，能夠為社會及廣大民眾服務，使我很有優越感和滿足感。今天的香港警察與我「當差」時的大有不同，裝備及高科技固然有長足的進步，但最重要的是，今天警察的知識水準比上世紀六七十年代的警察要高得多。不過，處事的技巧及應付各種環境的機智，則要看看各位新紮師兄如何去發揮才幹了。

在我「當差」的日子裏，屢屢會遇到不尋常的困難，因為殖民者的風氣，使我們本地警員常常處於被動的地位，及飽嚐「二等公民」的待遇。由於昔日市民大眾的生活及知識的水準普遍較低，故很容易出現警察濫用權力。當時市民對警察的態度多數是「敵視」的，與現在融洽的警民關係相差極大。老一輩的讀者應該記得兒時每當頑皮或哭泣之際，大人哄孩子的口頭禪，總是不離這兩句話：「你再『曳』（搗蛋），我便叫差人拉你」，或是：「你再喊（哭），我叫『嚤囉差』將你帶走」，可見那年頭港人「談警色變」，是在小時候已經得到教化。

現在的香港警察亦不會予人有以往「差人—拉人」的印象，反而成了正義的化身。事實上，警察除了要依法拉人，還有許多重要的工作去做啊。看今朝，「大丈夫」、「大師姐」，是多麼正面和正氣的稱號！

我常常對友人甚至兒女說，要讓一個走入歧途的人改正，引導是最好的辦法。責罰卻有時會適得其反，效果不一定理想。引導可使人自覺改善，責罰使人改善後，往往潛有反抗及不滿的心態。面對社群，警察不一定只扮演被動執行，依法抓人的角色，警察也可以像教育工作者那樣，甚至彼此同心協力把青少年從小導向正確的人生旅途上！為大眾當一員好警察，原來是含有豐富的內涵。

警察權力過大並不是一件好事，警察濫用權力只會殃及市民。在這本書裏，讀者可見到警員拉小販、發告票，利用

一九八八年十二月，作者回港與舊同僚相聚。左一為後來榮陞警務處處長的李君夏，右一為皇家加拿大騎警音樂騎術隊隊員倫・賈爾士。

在防暴隊畢業典禮上。左二為作者，前排右二為與作者在警校的同學(PI-10)許淇安（後來榮陞為警務處處長）。

別人為自己謀利益，及玩弄市民的例子。縱使是稍微的濫用權力，亦會大大地有損警察的聲譽。

　　各位新紮師兄師姐，我們既然接受服務大眾市民及確保社會安寧的考驗和挑戰，就讓我們不負大眾的信任與厚望，全心全意地成為一個良好的執法者！將來你到了退休的時候，也許會像我一樣，以往的工作和成就準會給自己帶來無限欣慰！昔日鋪設過的一磚一瓦，將見證你無悔的一生！

附錄 闊別四十載「重施故技」

　　二零零八年四月，我與太太到英國旅行，順道探訪我四十年前的「老闆」—— 前香港警務處處長伊達善先生。老人家已屆九十二高齡了，但他身體健壯，精神抖擻，還駕車百多英里帶我們觀光。在市區，他帶我們走了很多路；只見他健步如飛，使我倆夫婦望塵莫及，真是老當益壯。

　　一天，在他家中吃早餐時，他很神秘地放了一個紀念品在我面前，這是一個木製的碼頭模型。起初我不知何解，他幽默地問我還記得他坐水警輪失蹤的事嗎？我恍然大悟。讀者們讀過本書第四章「警務處處長失蹤記」一節，可記得水警當年用「一號船」載伊達善先生到啟德機場跑道碼頭時，遇上擱淺而不能靠岸，弄成一場不小的風波。水警總部在伊達善先生退休時，特地造了這碼頭模型，以示紀念（見頁299下圖）。我對這模型的事一無所知，四十年後，實物放在眼前，其中印記了一件趣事。

　　水警們在碼頭模型下刻了如下解釋字句：

一九五三年興建

一九六七年十一月十五日失落

一九六七年十一月十六日由水警尋回

　　這意味到水警認為當年並沒有「擱淺」事，不過碼頭當天不存在，使警務處處長無法登岸。英國人的幽默感，簡直永垂不朽！

我們與伊達善先生告別時，他不只對我們依依不捨，還叮囑我在書內一定要代他向香港市民致意，向所有香港警察隊的舊雨新知問好。

　　探望伊達善處長後，有幾天時間空閒，與太太租了一艘運河船在倫敦附近「遊河」。英國有數千里運河，都是很狹窄的。運河船才不過六呎闊，但卻有四十多呎長，與香港的地稀樓高有異曲同工之妙。我租用的運河船是由自己駕駛的，經過之處都是小村落及農地或放牧牛羊的地方，確是遠離繁忙市區的好去處。清早，雞犬相聞，鳥聲不絕；中午，在太陽的反照下，運河猶如一面鏡子；黃昏，晚霞與炊煙打成一片，人間仙境亦不外如是。

　　二零零八年四月十八日，應大倫敦警察駕駛學校校長當·史蔑夫（Chief Inspector Don Smith）的邀請，回到該駕駛學校參觀，史蔑夫校長更讓我在「濕滑路」上駕車二十多分鐘，讓我回味四十年前在該校受訓時的感覺。四十年來，這「濕滑路」沒有絲毫改變，但車輛的改進，及高科技的發展，已令到這「濕滑路」有些失去原來的作用了。首先，我在「濕滑路」駕駛一輛沒有先進設備（如ABS煞掣系統）的汽車，控制比較困難，但當我坐上一輛「寶馬」（BMW）較新型號的房車時，因為有DSC（Dynamic Stability Control，動態穩定駕駛系統）及ABS（Anti-Lock Braking System，防鎖死煞車系統）等電腦控制系統，車輛在「濕滑路」上踏盡油門都不會突然失去控制。我想，再過幾年，因電腦的發達，所有司機都不會因路面濕滑失去控制而煩惱。

　　接着，史蔑夫校長着一名警長載我夫婦倆在市區及郊區實行高速駕駛示範。現時的 'A' 級公路時速限制已由四十年前的每小時七十英里減至每小時四十至五十英里。'M' 級高速公路亦由無速度限制改為每小時七十英里。因為車輛太多的問題，現時的高級駕駛訓練是響着警號進行，使其他車輛迴避。我們的車子在市區駛達每

作者與伊達善先生在二零零八年攝於英倫

水警總部致送伊達善先生的榮休紀念品——啟德機場跑道碼頭模型

小時五六十英里速度，警長一邊駕駛，一邊口述，技術高超，令我一開眼界。警長在‘M’路亦響警號，駛達時速一百四十英里（約二百二十四公里），與我受訓時沒有響警號的速度不相上下，可憐我太太坐在車後，從來沒有體驗過警車的高速行駛，不受驚也死了不少細胞。

每天看報都有瘋狂司機不守法律，在市區飛馳。警車響了警號都常有驚險鏡頭出現，試想沒有警號的狂人，駕車在街道上高速行駛，不造成意外才怪。

離開駕駛學校前，史蔑夫校長再發給我大倫敦警察駕駛學校的一張證書及一個徽章。想不到四十年後，還有機會重返我學習高級駕駛技術的出身地，又滿足了我一個願望。

鳴謝

　　本書圖片大部份是作者私人收藏，其他是友人提供作者用的，如專業攝影前輩陳橋先生，以及甘棠蓀先生、梁寶卿女士、梁健剛先生、姚永康先生，Mr. L. N. Giles，Mr. B. W. Kingdon，Mr. John Turner，Haflinger Four Wheel Drive Club UK，RCMP Foundation等；另外，騎警照片係由Mr. Allan Speevak （www. peninsulaphotography.ca）供給，作者衷心向上述各位致謝！

作者簡歷

一九三七年
生於香港。

一九五五年
畢業於聖若瑟英文書院。

一九五八年
讀完大學預科後,加入畢馬域葳曹核數師樓任見習會計。

一九六三年
加入香港警察隊為見習督察。

一九六七年至一九六八年
任警務處處長副官及私人助理(移民前,在香港警察的職位是高級督察)。

一九七一年
受聘於皇家加拿大騎警。在加拿大騎警服務二十三年,其間曾調到律政司處。

一九八零年至一九八九年
從事國際性罪案調查工作,及致力宣揚中國人的傳統習俗。

一九九三年
加拿大皇家銀行派員邀請加盟。加入後,除協助調查商業罪案,並兼任銀行總裁的私人
保安員。

一九九八年
再受律政司處邀請,回到該部門工作,直至二零零一年退休。

二零零一年
曾參與加拿大歌劇《鐵路》(Iron Road,內容描述百多年前中國人到加拿大築建鐵路的
艱苦生活及血淚史)的翻譯及填詞工作。該齣歌劇在多倫多演出十場,獲當年最佳歌劇
'Dora Award' 獎。

二零零五年
參加加拿大新時代電視舉辦的英文歌曲創作大賽,獲決賽資格,其創作的中文歌曲亦曾
於彼邦的社團音樂會演出。

二零零六年

與著名心理學家梁國香博士共創紙板遊戲「不敗之謎」，引導青少年認識賭博害處。

二零零八年

構思多時的《警官手記──六十年代香港警隊的日子》，由三聯書店（香港）有限公司出版。

作者與他的賽車錦標獎杯

| 責任編輯 | 姚永康　蘇健偉 |
| 封面設計 | 陳德峰 |

書　　名	**警官手記──六十年代香港警隊的日子**
著　　者	黃奇仁
出　　版	三聯書店（香港）有限公司
	香港北角英皇道 499 號北角工業大廈 20 樓
	Joint Publishing (H.K.) Co., Ltd.
	20/F., North Point Industrial Building,
	499 King's Road, North Point, Hong Kong
香港發行	香港聯合書刊物流有限公司
	香港新界大埔汀麗路 36 號 3 字樓
印　　刷	美雅印刷製本有限公司
	香港九龍觀塘榮業街 6 號 4 樓 A 室
版　　次	2008 年 7 月香港第一版第一次印刷
	2017 年 5 月香港第二版第一次印刷
規　　格	特 16 開（146 × 229 mm）312 面
國際書號	ISBN 978-962-04-4147-9

© 2008, 2017 Joint Publishing (H.K.) Co., Ltd.

Published & Printed in Hong Kong